스트레이트 S

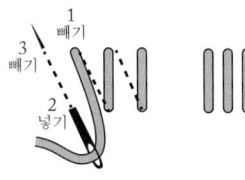

백 S

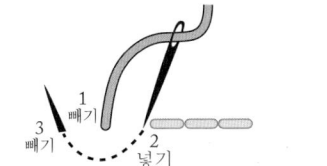 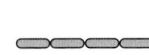

블랭킷 S

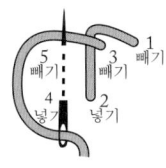 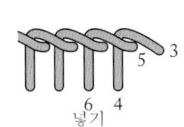

레이지데이지 S

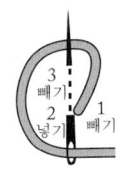  

체인 S

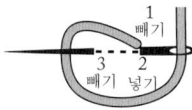 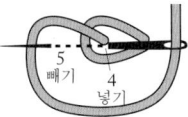

프렌치노트 S

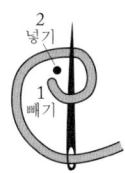 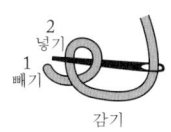

아우트라인 S

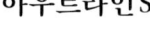 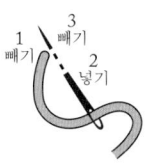 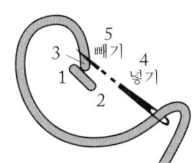 

새틴 S

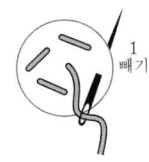 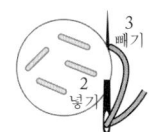  

롱앤드쇼트 S

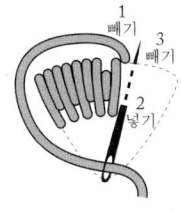 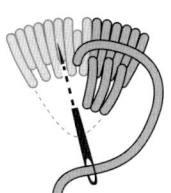 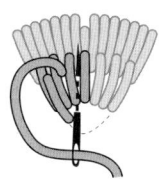 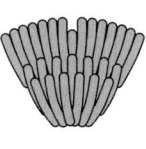

플라이 S

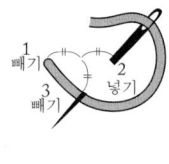 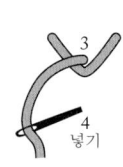 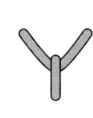

시드 S

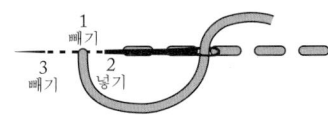 

더블크로스 S

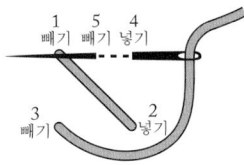 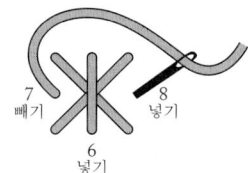 

불리온 S

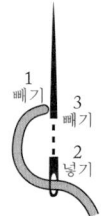 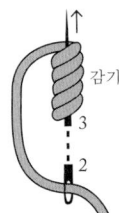 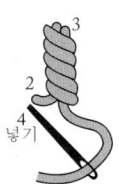 

피시본 S

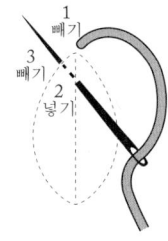 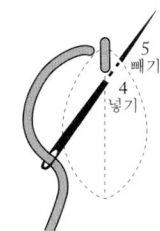 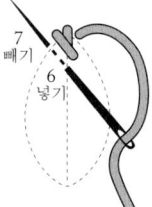 

펀 S

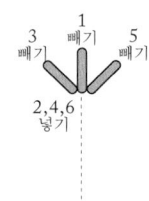 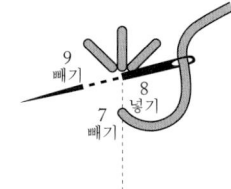 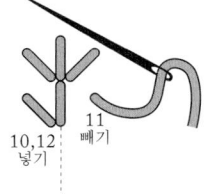 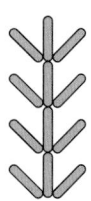

자수로 표현하는 꽃과 나무, 열매 285

식물 자수 도감

가와데쇼보신샤 편집부 엮음 | 김한나 옮김

Botanical Embroidery Designs

지금이책

Contents

<작품> <도안>

Mimosa 【미모사】 …………………………………… 4 / 81

Poppy 【양귀비】 …………………………………… 8 / 84

Rose 【장미】 ………………………………………… 10 / 86

Tulip 【튤립】 ………………………………………… 14 / 88

Dandelion 【민들레】 ……………………………… 16 / 90

Horsetail 【쇠뜨기】 ………………………………… 18 / 91

Canola flower 【유채꽃】 …………………………… 19 / 92

White clover 【토끼풀】 …………………………… 20 / 93

Strawberry 【딸기】 ………………………………… 22 / 95

Daisy 【데이지】 …………………………………… 24 / 96

Forget-me-not 【물망초】 ………………………… 26 / 98

Violet 【제비꽃】 …………………………………… 28 / 99

Lily of the valley 【은방울꽃】 …………………… 30 / 101

Gymnaster 【도만금】 ……………………………… 34 / 103

Philadelphia fleabane 【봄망초】 ………………… 34 / 103

Marguerite 【마거리트】 …………………………… 35 / 104

Anemone 【아네모네】 …………………………… 36 / 105

Viola & Pansy 【비올라&팬지】 …………………… 38 / 107

Chamomile 【캐모마일】 …………………………… 42 / 110

Wisteria 【등꽃】 …………………………………… 44 / 112

Wild rose 【찔레꽃】 ………………………………… 45 / 113

Peony 【모란】 ……………………………………… 45 / 113

Hydrangea 【수국】 ………………………………… 46 / 114

Leaf 【잎】 …………………………………………… 50 / 116

Blueberry 【블루베리】 …………………………… 52 / 118

Currant 【커런트】 ………………………………… 53 / 119

Sunflower 【해바라기】 …………………………… 54 / 119

Craspedia 【크라스페디아】	55	120
Dahlia 【달리아】	55	121
Clematis 【클레마티스】	56	121
Lavender 【라벤더】	57	123
Lily 【백합】	58	124
Hollyhock 【접시꽃】	59	125
Lotus flower 【연꽃】	59	125
Aster 【과꽃】	59	125
Thistle 【엉겅퀴】	59	124
Gerbera 【거베라】	60	126
Marigold 【마리골드】	62	127
Fragrant olive 【금목서】	63	128
Cosmos 【코스모스】	64	129
Ping-pong mum 【핑퐁멈】	65	130
Mushroom 【버섯】	66	131
Olive 【올리브】	70	134
Acorn 【도토리】	72	135
Maple 【단풍잎】	73	136
Apple 【사과】	73	137
Holly 【호랑가시나무】	73	137
Tree 【나무】	74	137
Cactus 【선인장】	75	138
Heavenly bamboo 【남천】	76	138
Camellia 【동백꽃】	78	140

수록작품 도안 ··· 80

작가 프로필 ·· 142

Mimosa
【미모사】 >> p.81-83

No 001

No 002

No 003

No 004

No 005

No 006

001 FABBRICA　002 PieniSieni　003 MIKI　004 모리모토 마유카　005 시라이 가즈미　006 chicchai_chicchai

No 007

No 008

No 009

No 010

06　007 Sachie　008 가시모토 마유　009 jun　010 R4

No 011

No 012

No 013

No 014

011 yula 012 긴세이 소나타 013 itonomori 014 가코 마스미

Poppy
【양귀비】 >> p.84-85

No 015

No 016

No 017

No 018

No 019

No 020

No 021

No 022

No 023

020 이와타 유미코 021 un peu 022 와타베 도모코 023 yanase reii

No 027

No 028

027 이와타 유미코　028 un peu

Tulip

【튤립】 >> p.88-89

No 035

No 036

No 037

No 038

035 곤도 미카코 036 itonomori 037 yula 038 Sachie

No 040

No 039

No 041

No 042

No 043

039 FABBRICA 040 MIKI 041 un peu 042 긴세이 소나타 043 jun

Horsetail
【쇠뜨기】 >> p.91-92

No 051

No 052

No 053

White clover

【토끼풀】 >> p.93-94

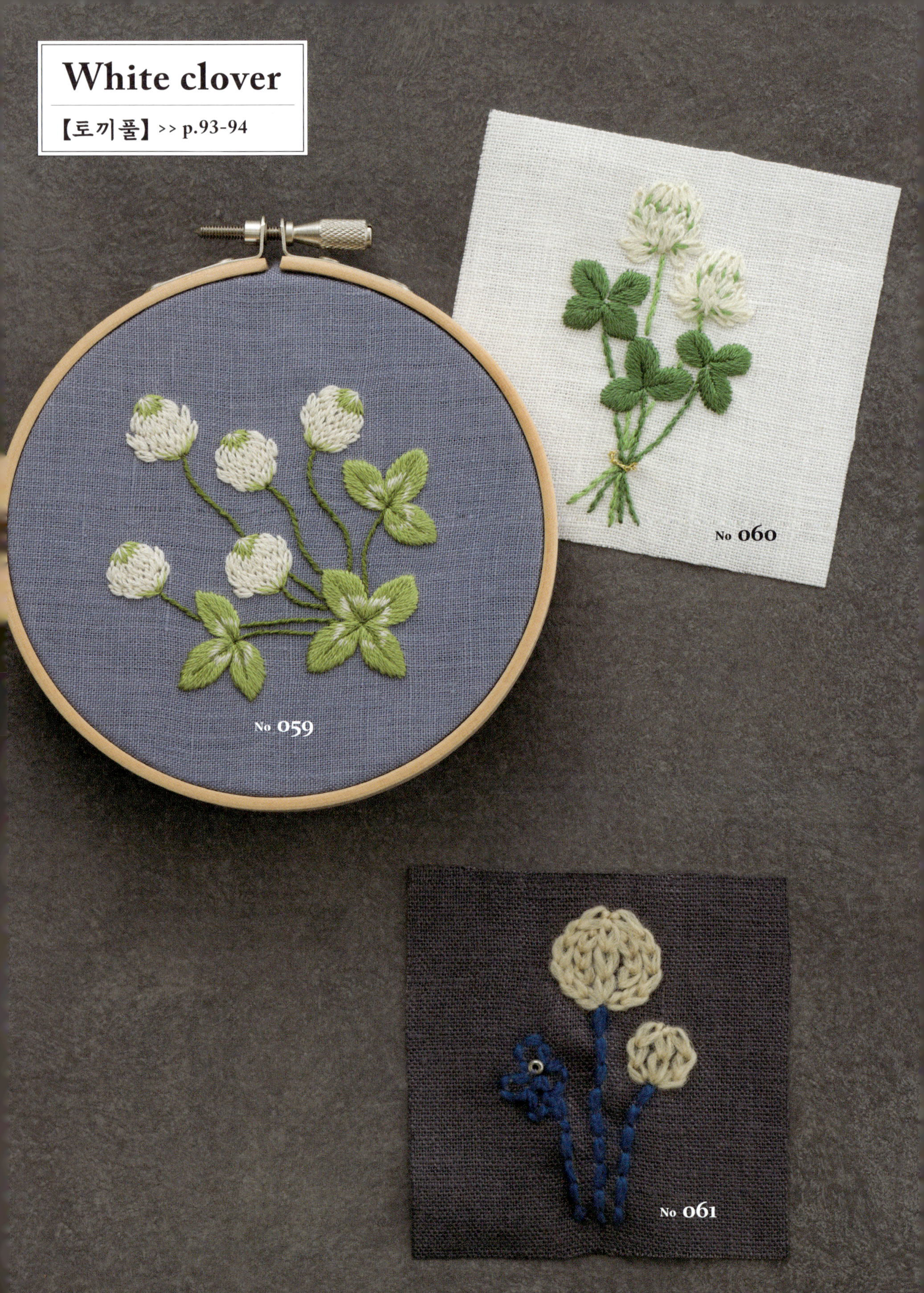
No 059
No 060
No 061

 059 PieniSieni 060 와타베 도모코 061 Sachie

No 062

No 063

No 064

No 065

062 itonomori 063 긴세이 소나타 064 yula 065 시라이 가즈미

Strawberry
【딸기】 >> p.95-96

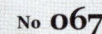

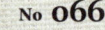

Daisy
【데이지】 >> p.96-98

№ 075

№ 076

Forget-me-not
【물망초】 >> p.98-99

No 082
No 083
No 084
No 085
No 086
No 087

082 마르티나 차코 083 yula 084 호리우치 유키 085 사사키 미에코 086 와타베 도모코 087 itonomori

Violet

【제비꽃】 >> p.99-100

No 089

No 088

No 090

No 091

No 092

No 093

No 094

091 Nunomushi 092 yula 093 시라이 가즈미 094 곤도 미카코

Lily of the valley
【은방울꽃】 >> p.101-103

095 FABBRICA 096 itonomori 097 MIKI 098 Tender ✶ Rainbow 099 시라이 가즈미 100 yula

No 101

No 102

32 101 OKEIKO 102 PieniSieni

Gymnaster
【도만금】 >> p.103

No 107

Philadelphia fleabane
【봄망초】 >> p.103

No 108

No 109

Marguerite
【마거리트】 >> p.104

No 110

No 111

No 113

No 112

110 yula 111 PieniSieni 112 가코 마스미 113 모리모토 마유카

Anemone
【아네모네】 >> p.105-106

No 114

No 115

No 116

No 117

114 Tender＊Rainbow 115 긴세이 소나타 116 마르티나 차코 117 yula

No 118

No 119

No 120

No 121

No 122

No 123

118 Sachie 119 FABBRICA 120 와타베 도모코 121 un peu 122 OKEIKO 123 jun

124 곤도 미카코 125 un peu 126 aya 127 마르티나 차코 128 MIKI

No 129
No 130
No 131
No 132
No 133

129 Piikan　130 이와타 유미코　131 사사키 미에코　132 시라이 카즈미　133 Sachie

No 134

No 135

No 136

No 137

No 138

134 와타베 도모코　135 PieniSieni　136 Tender✽Rainbow　137 un peu　138 jun

Chamomile
【캐모마일】 >> p.110-112

No 139

No 141

No 140

139 PieniSieni 140 R4 141 곤도 미카코

Wisteria

【등꽃】 >> p.112

No 148

No 149

No 150

148 긴세이 소나타　149 가시모토 마유　150 사사키 미에코

Wild rose
【찔레꽃】 >> p.113

No 151

No 152

Peony
【모란】 >> p.113

No 153

No 154

No 161

No 162

161 시라이 가즈미 162 Sachie

No 163
No 164
No 165
No 166

Leaf
【잎】 >> p.116-117

No 167
No 168
No 169
No 170

167 마르티나 차코 168 시라이 가즈미 169 긴세이 소나타 170 yula

No 171

No 172

No 173

171 Sachie 172 모리모토 마유카 173 yanase rei

Blueberry

【블루베리】 >> p.118

No 174

No 175

No 177

No 176

174 MIKI　175 yula　176 Nunomushi　177 모리모토 마유카

No 178

No 179

Currant
【커런트】 >> p.119

No 180

178 마르티나 차코　179 FABBRICA　180 Tender＊Rainbow

Sunflower
【해바라기】 >> p.119-120

No 181

No 182

No 184

No 183

No 185

No 186

181 와타베 도모코　182 곤도 미카코　183 기시모토 마유　184 yula　185 Sachie　186 Piikan

Craspedia
【크라스페디아】 >> p.120

No 187

Dahlia
【달리아】 >> p.121

No 188

No 189

Clematis

【클레마티스】 >> p.121-122

No 191

No 190

No 193

No 192

No 194

190 와타베 도모코　191 야마가미 아이코　192 긴세이 소나타　193 사사키 미에코　194 yula

Lily

【백합】 >> p.124

No 200

No 201

No 202

No 203

Hollyhock
【접시꽃】 >> p.125

No 204

Lotus flower
【연꽃】 >> p.125

No 205

Aster
【과꽃】 >> p.125

No 206

Thistle
【엉겅퀴】 >> p.124

No 207

Gerbera

【거베라】 >> p.126-127

No 208

No 209

No 210

No 211

No 213

No 212

No 215

No 214

212 마르티나 차코 213 야마가미 아이코 214 긴세이 소나타 215 un peu

Marigold
【마리골드】 >> p.127-128

No 216
No 217
No 218
No 219

216 모리모토 마유카 217 Sachie 218 MIKI 219 가시모토 마유

Fragrant olive
【금목서】 >> p.128-129

No 220

No 221

No 222

No 223

No 224

220 chicchai_chicchai 221 Sachie 222 곤도 미카코 223 yula 224 마르티나 차코

Ping-pong mum
【핑퐁멈】>>p.130-131

No 230

No 231

No 232

230 yula 231 곤도 미카코 232 모리모토 마유카

Mushroom
【버섯】 >> p.131-134

No 233

No 234

No 235

233 MIKI 234 Piikan 235 FABBRICA

Olive
【올리브】 >> p.134-135

No 246

No 247

No 248

No 249

No 250

No 251

No 252

No 253

No 254

250 Piikan 251 yula 252 호리우치 유키 253 Sachie 254 긴세이 소나타

Acorn
【도토리】 >> p.135-136

No 255

No 256

No 257

No 258

No 259

255 chicchai_chicchai 256 Piikan 257 시라이 가즈미 258 itonomori 259 와타베 도모코

Maple
【단풍잎】 >> p.136

Apple
【사과】 >> p.137

No 260

No 261

Holly
【호랑가시나무】 >> p.137

No 262

Tree
【나무】 >> p.137-138

№ 263

№ 264

№ 265

№ 266

№ 267

263 un peu 264 긴세이 소나타 265 시라이 가즈미 266 사사키 미에코 267 yula

Cactus
【선인장】 >> p.138

№ 268

№ 270

№ 269

Heavenly bamboo

【남천】 >> p.138-139

No 271

No 272

No 273

271 야마가미 아이코　272 OKEIKO　273 곤도 미카코

Camellia

【동백꽃】 >> p.140-141

No 277
No 278
No 279
No 280

281 yula　282 시라이 가즈미　283 Nunomushi　284 이와타 유미코　285 야마가미 아이코

수록작품 도안

- 도안은 모두 100% 실물 크기로 실려 있습니다.
  도안 그대로 수를 놓거나 자신이 좋아하는 크기와 색상, 실로 수를 놓으며 자수의 재미를 느껴보세요.
- 도안의 표시는 다음과 같습니다.

작품 번호, 도안 페이지 → **No 224** >>p.63

실 제조사명, 번수 → ● 올림푸스 25번사 / 지정한 부분 외에는 3가닥 새틴S

↑
작품 전체와 관련된 실의 가닥수와 자수 기법

245
246
287(3) ← 실의 색 번호
실의 가닥수
아우트라인S ← 자수 기법 S는
'스티치'의 약자

532(2)
스트레이트S
534(3)
롱앤드쇼트S
532(2)
프렌치노트S
〈1회 감기〉
815

레이지데이지S와 스트레이트S를 조합한 스티치를
다음과 같이 3종류로 표시했습니다.

레이지데이지S+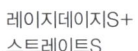
스트레이트S

레이지데이지S+
안쪽에 스트레이트S

레이지데이지S+
스트레이트S
(안쪽에 조금 길게)

주로 잎사귀 부분에 다음과 같은 표시가 많이 나옵니다.

잎맥을 수놓을 때 색이
나뉜 경우에는 실선으
로 표시

새틴S 등 실의 방향에 따라 선
처럼 보이는 경우에는 가늘고 옅
은 선으로 표시

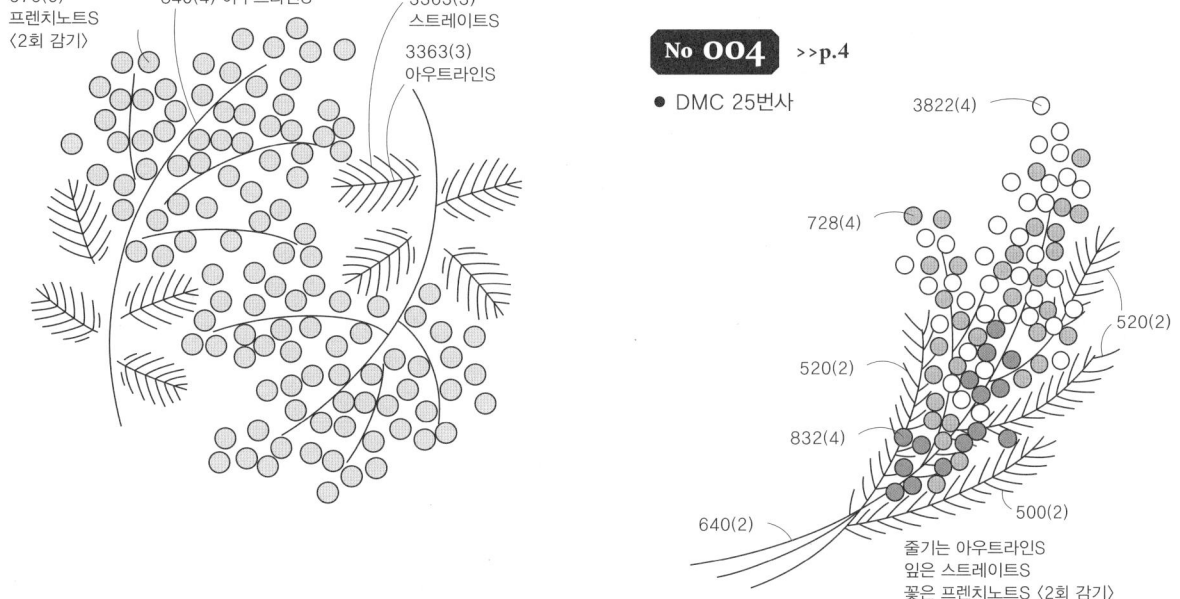

Mimosa [미모사]

No 001 >>p.4
- COSMO 25번사

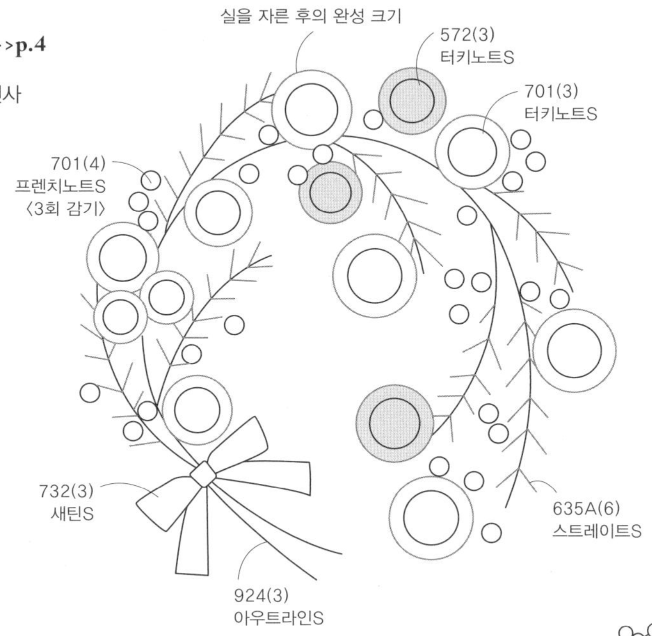

실을 자른 후의 완성 크기
572(3) 터키노트S
701(3) 터키노트S
701(4) 프렌치노트S 〈3회 감기〉
732(3) 새틴S
924(3) 아우트라인S
635A(6) 스트레이트S

No 002 >>p.4
- DMC 25번사

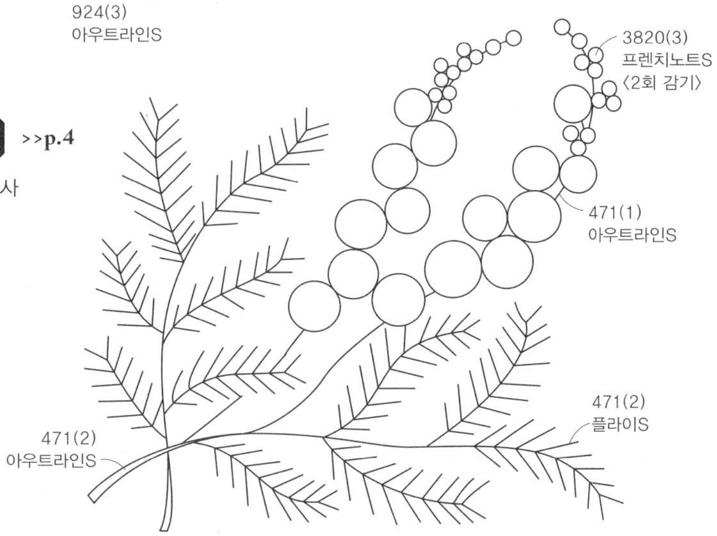

3820(3) 프렌치노트S 〈2회 감기〉
471(1) 아우트라인S
471(2) 아우트라인S
471(2) 플라이S

No 003 >>p.4
- DMC 25번사

676(6) 프렌치노트S 〈2회 감기〉
840(4) 아우트라인S
3363(3) 스트레이트S
3363(3) 아우트라인S

No 004 >>p.4
- DMC 25번사

3822(4)
728(4)
520(2)
520(2)
832(4)
500(2)
640(2)

줄기는 아우트라인S
잎은 스트레이트S
꽃은 프렌치노트S 〈2회 감기〉

No 005 >>p.4

● 올림푸스 25번사 / 전부 3가닥

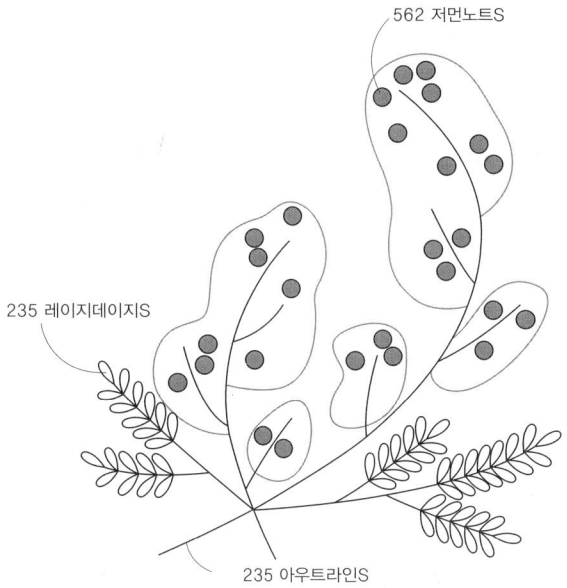

No 006 >>p.4

● DMC 25번사

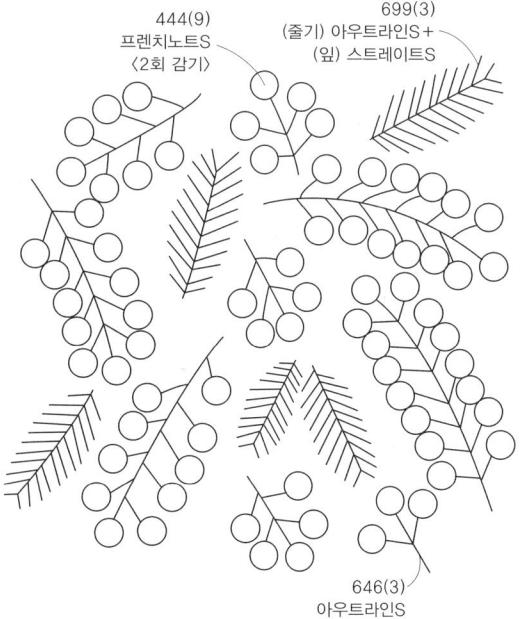

No 007 >>p.6

● DMC 태피스트리 울 / 전부 2가닥

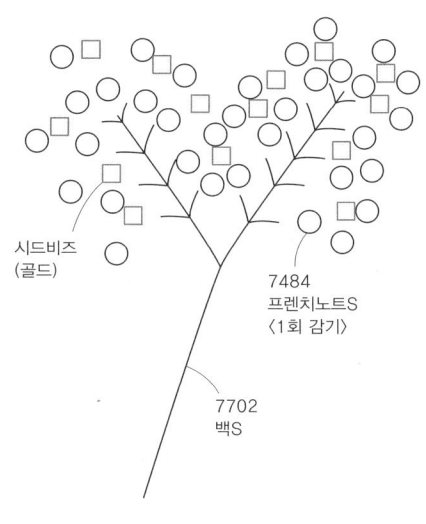

No 010 >>p.6

● COSMO 25번사

No 008 >>p.6

● DMC 25번사 / 지정한 부분 외에는 3가닥

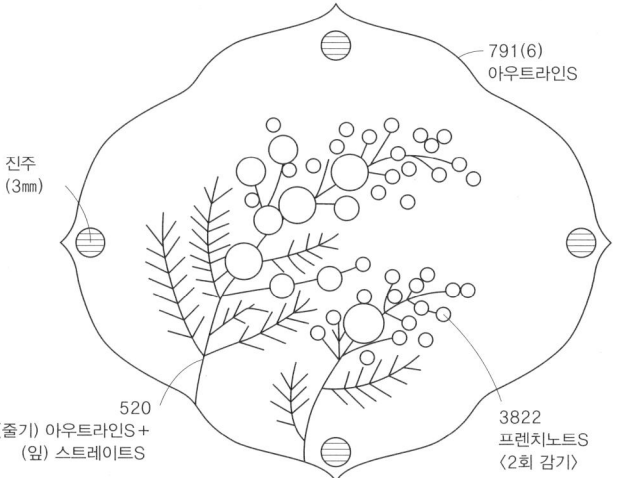

Mimosa【미모사】

No 009 >>p.6

● DMC 25번사

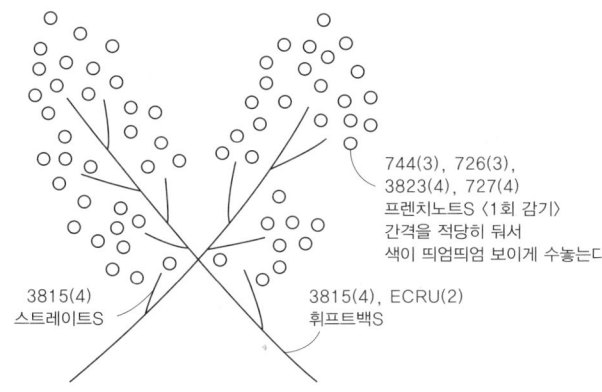

744(3), 726(3),
3823(4), 727(4)
프렌치노트S〈1회 감기〉
간격을 적당히 둬서
색이 띄엄띄엄 보이게 수놓는다

3815(4)
스트레이트S

3815(4), ECRU(2)
휘프트백S

No 012 >>p.7

● DMC 25번사

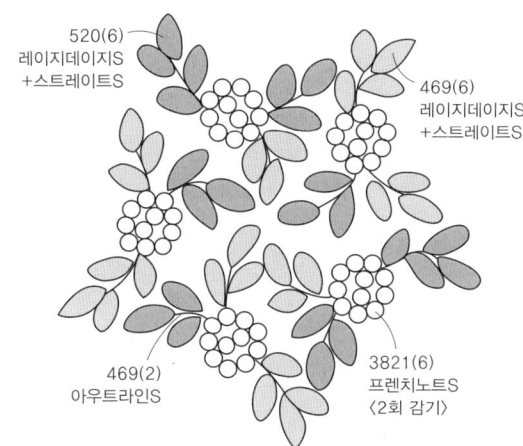

520(6)
레이지데이지S
+스트레이트S

469(6)
레이지데이지S
+스트레이트S

469(2)
아우트라인S

3821(6)
프렌치노트S
〈2회 감기〉

No 011 >>p.7

● DMC 25번사

꽃은 중심을 아우트라인S한 뒤
프렌치노트S로 메운다

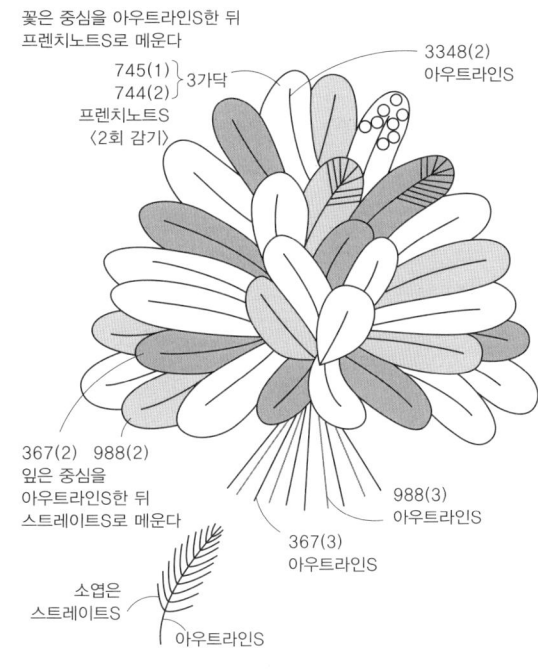

3348(2)
아우트라인S

745(1)
744(2) 3가닥
프렌치노트S
〈2회 감기〉

367(2) 988(2)
잎은 중심을
아우트라인S한 뒤
스트레이트S로 메운다

988(3)
아우트라인S

367(3)
아우트라인S

소엽은
스트레이트S

아우트라인S

No 013 >>p.7

● COSMO 25번사

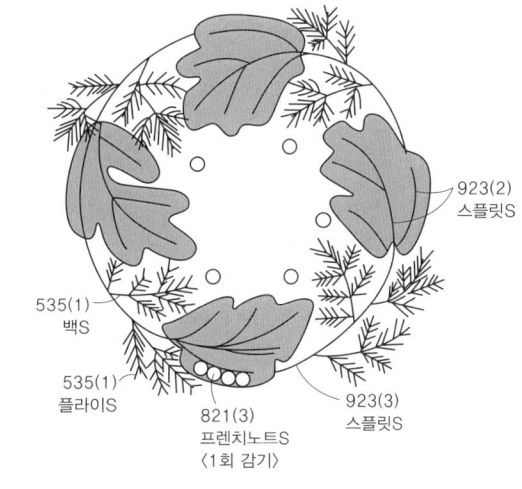

923(2)
스플릿S

535(1)
백S

535(1)
플라이S

821(3)
프렌치노트S
〈1회 감기〉

923(3)
스플릿S

No 014 >>p.7

● DMC 25번사 / 전부 2가닥

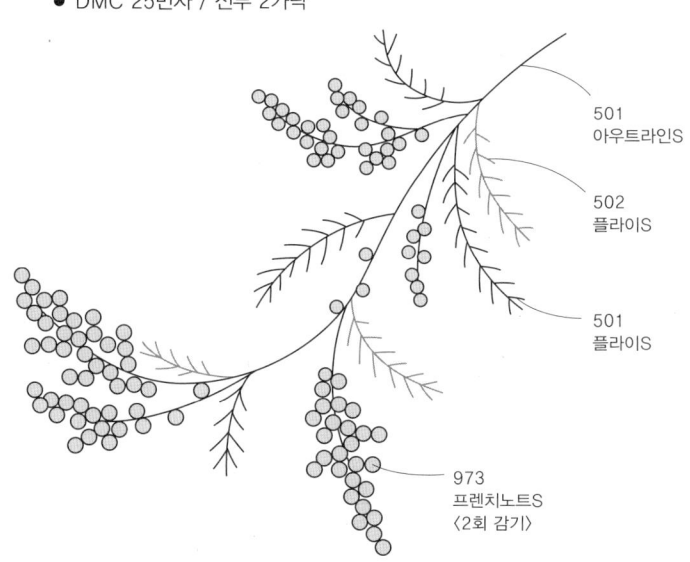

501
아우트라인S

502
플라이S

501
플라이S

973
프렌치노트S
〈2회 감기〉

No 015 >>p.8

● COSMO 25번사

No 016 >>p.8

● DMC 25번사

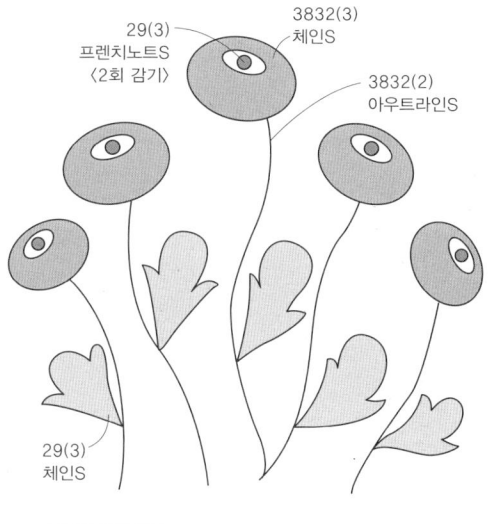

No 017 >>p.8

● COSMO 25번사 / 지정한 부분 외에는 2가닥 롱앤드쇼트S

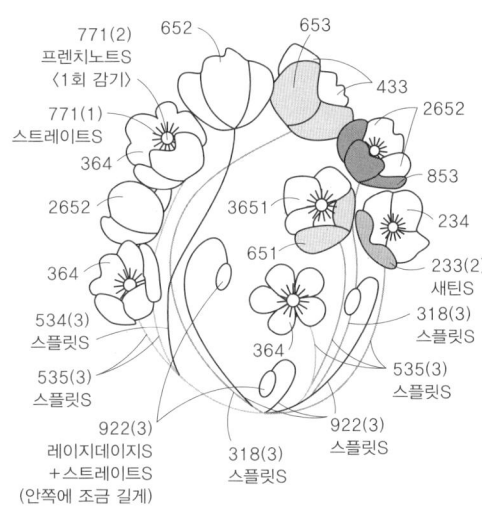

No 018 >>p.8

● DMC 25번사 / 지정한 부분 외에는 2가닥 새틴S

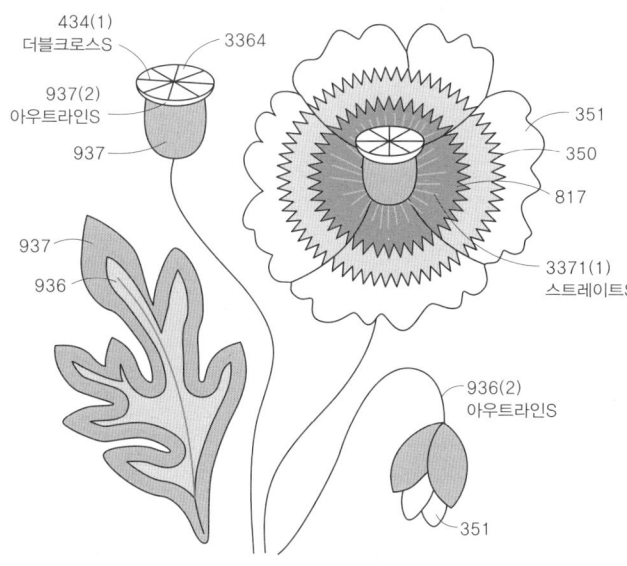

No 019 >>p.8

● DMC 태피스트리 울 / 전부 2가닥

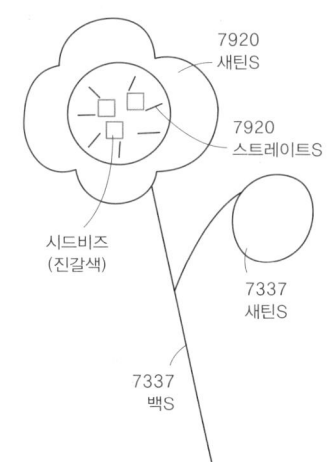

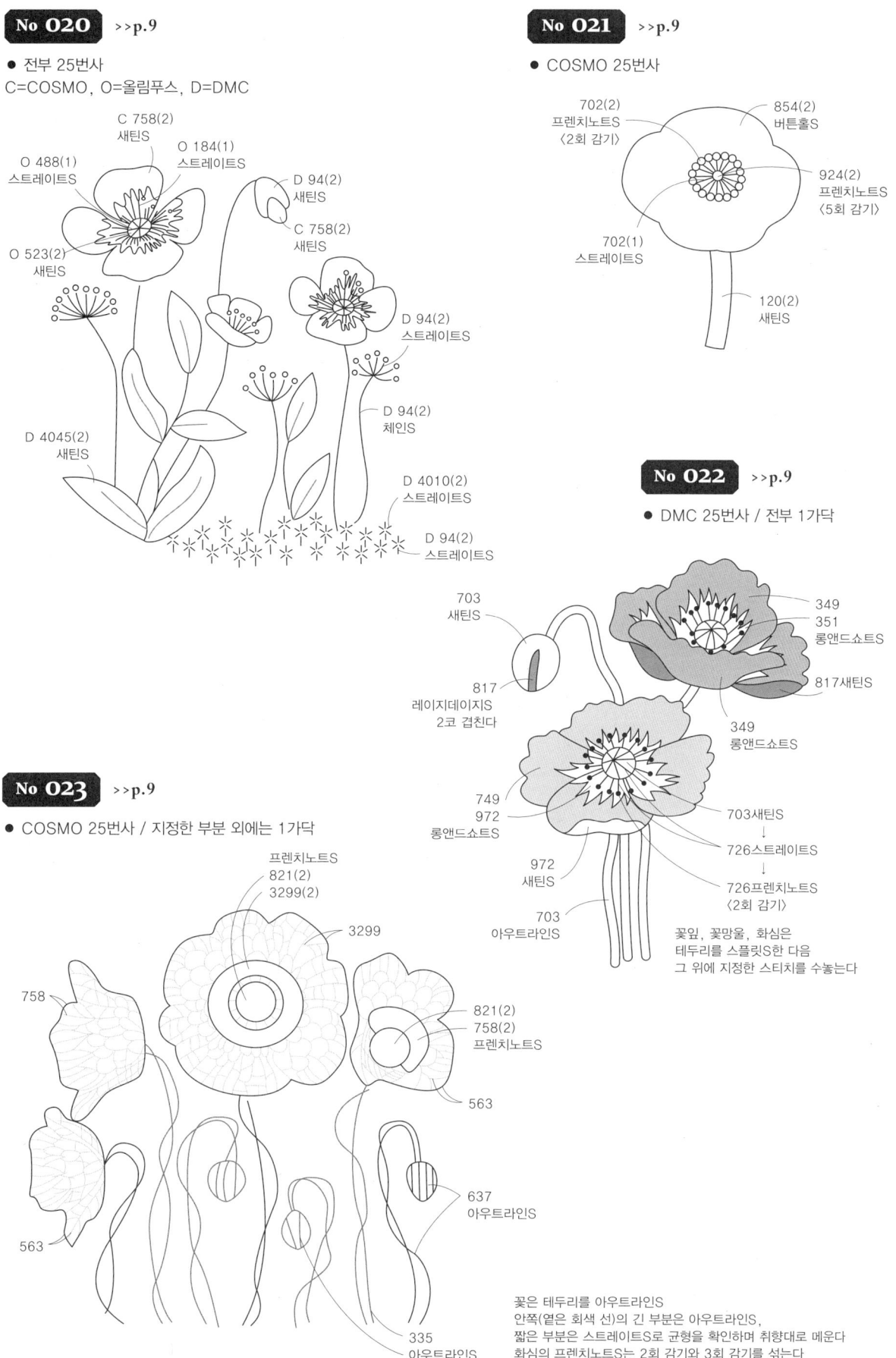

Poppy [양귀비]

No 024 >>p.10
- DMC 25번사 / 전부 1가닥 아웃라인S

No 025 >>p.10
- 올림푸스 25번사 / 전부 2가닥

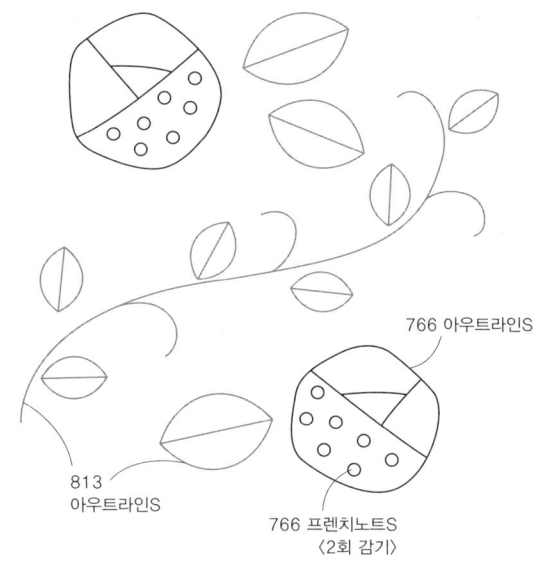

No 026 >>p.10
- DMC 25번사 / 지정한 부분 외에는 2가닥 아웃라인S

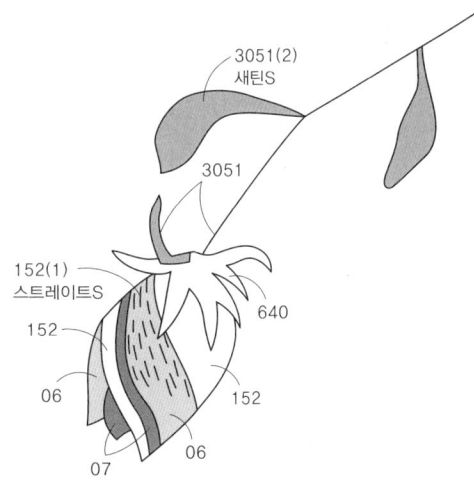

No 027 >>p.11
- 지정한 부분 외에는 애플톤 크루엘 울
C=COSMO 25번사

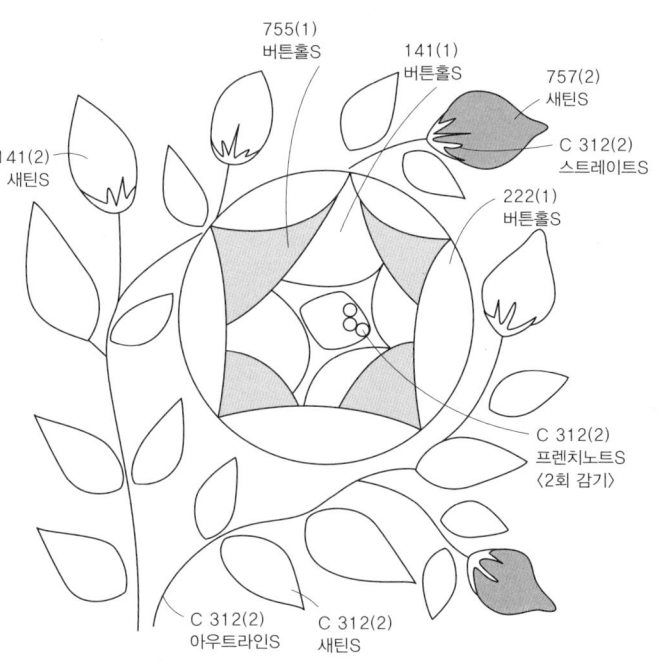

No 028 >>p.11
- COSMO 25번사

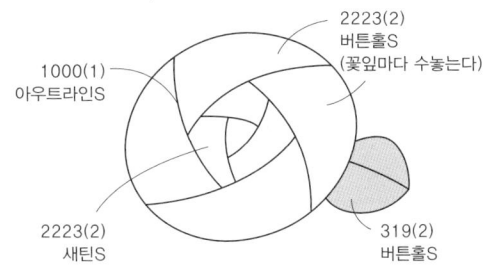

Rose [장미]

No 029 >>p.12
- COSMO 25번사

꽃은 스파이더웹로즈S
너무 팽팽해지지 않도록 볼록하게 수놓는다

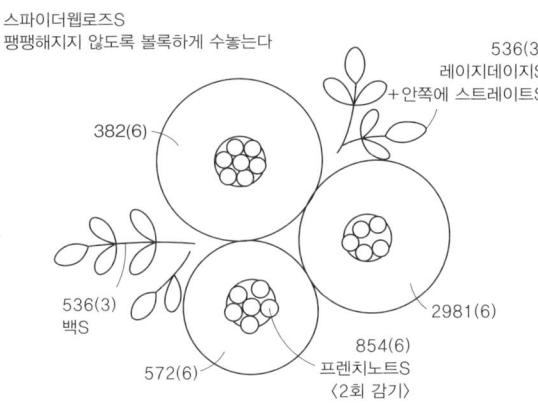

No 030 >>p.12
- DMC 25번사

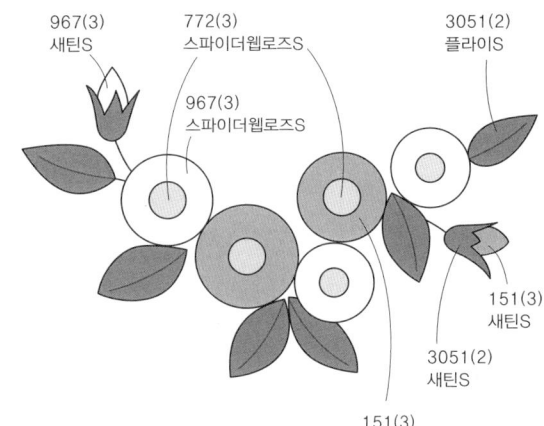

No 031 >>p.12
- DMC 25번사

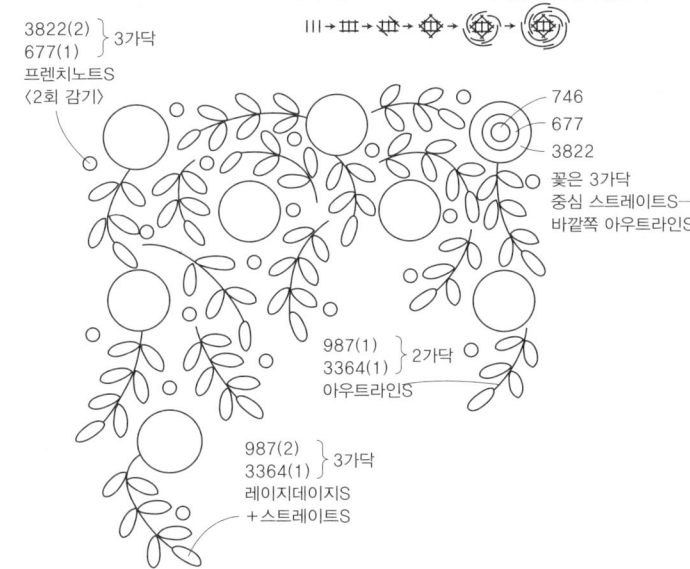

No 032 >>p.12
- DMC 25번사 / 전부 1가닥

꽃잎은 테두리를 1가닥으로
스플릿S한 다음 그 위에
롱앤드쇼트S

잎맥과 줄기는 아웃라인S
그 밖의 부분은 새틴S

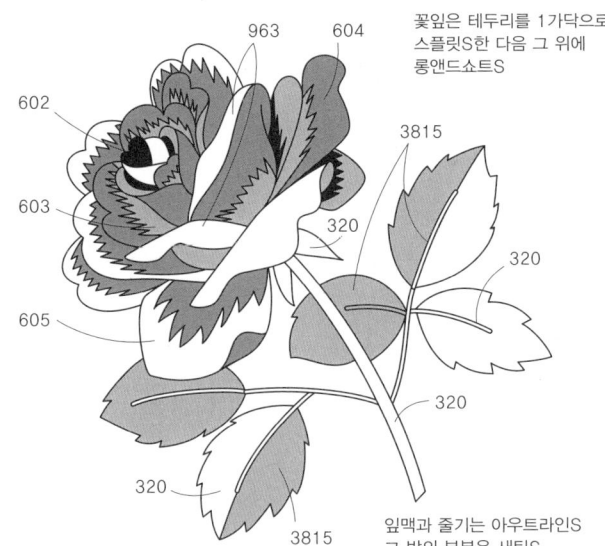

No 033 >>p.12
- DMC 25번사 / 지정한 부분 외에는 2가닥 새틴S

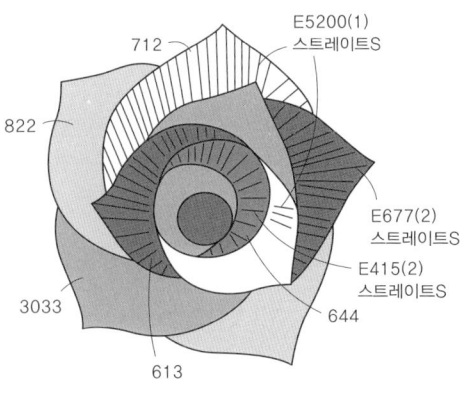

No 034 >>p.12

● DMC 25번사 / 전부 3가닥

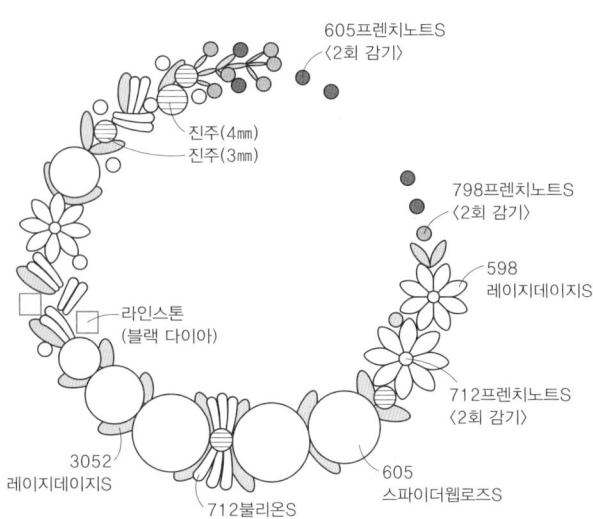

No 035 >>p.14

● COSMO 25번사 / 전부 2가닥

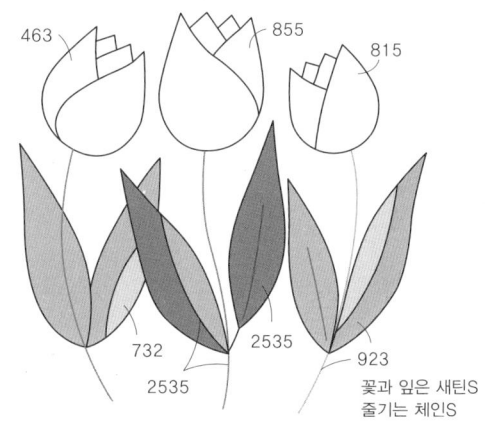

No 036 >>p.14

● COSMO 25번사 /
지정한 부분 외에는 2가닥 롱앤드쇼트S

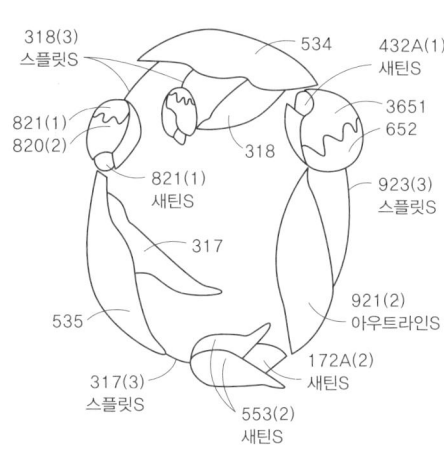

No 037 >>p.14

● DMC 25번사 / 전부 839

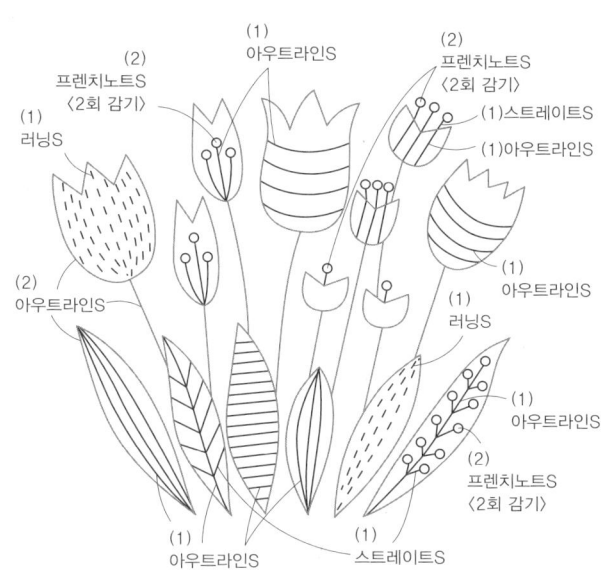

No 038 >>p.14

● DMC 태피스트리 울 / 전부 2가닥

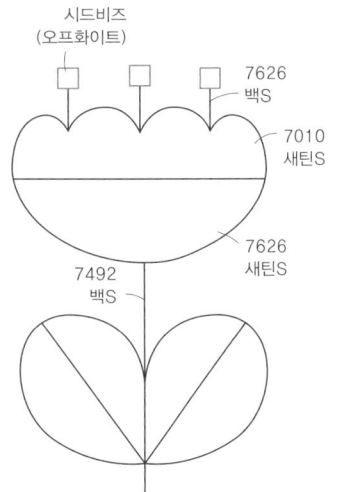

No 039 >>p.15

- DMC 25번사 / 전부 3가닥

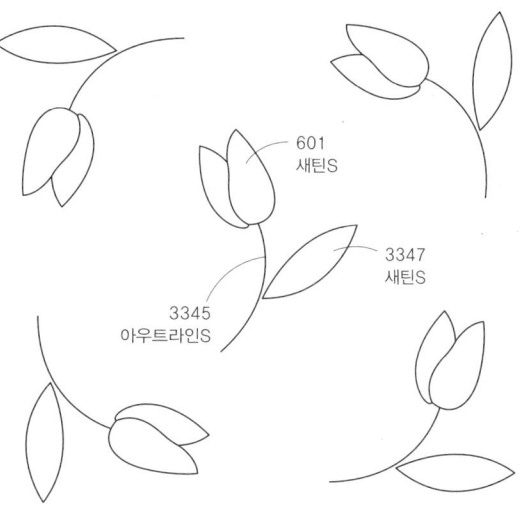

No 040 >>p.15

- DMC 25번사

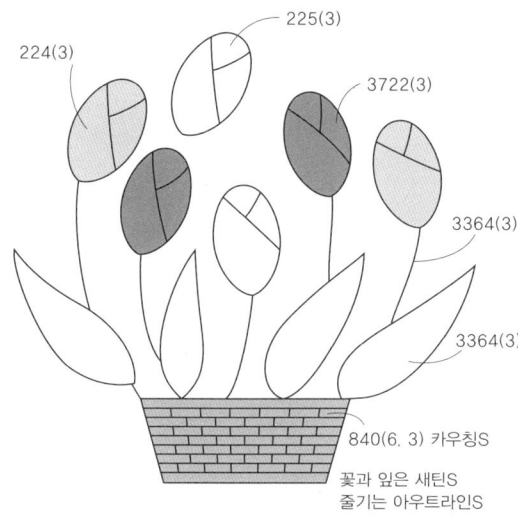

No 041 >>p.15

- COSMO 25번사 / 전부 2가닥

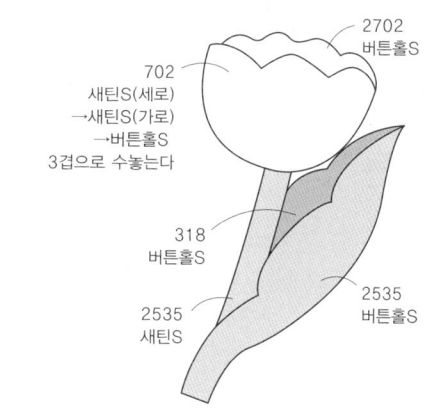

No 042 >>p.15

- DMC 25번사

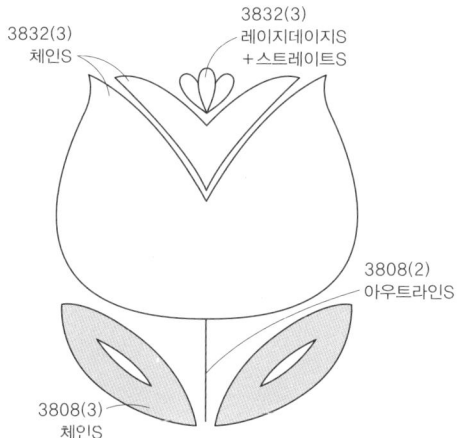

No 043 >>p.15

- 지정한 부분 외에는 DMC 25번사

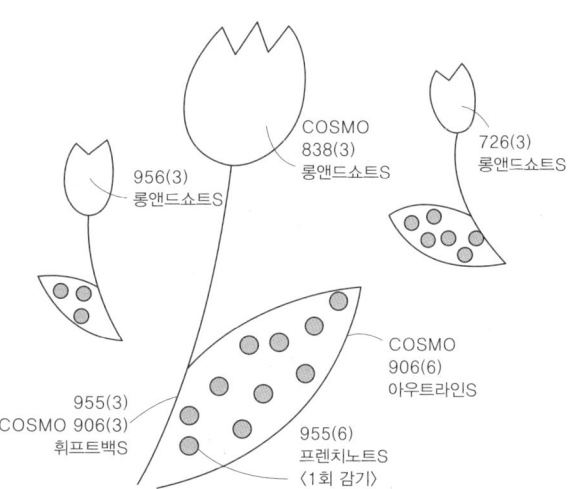

Rose [장미] Tulip [튤립]

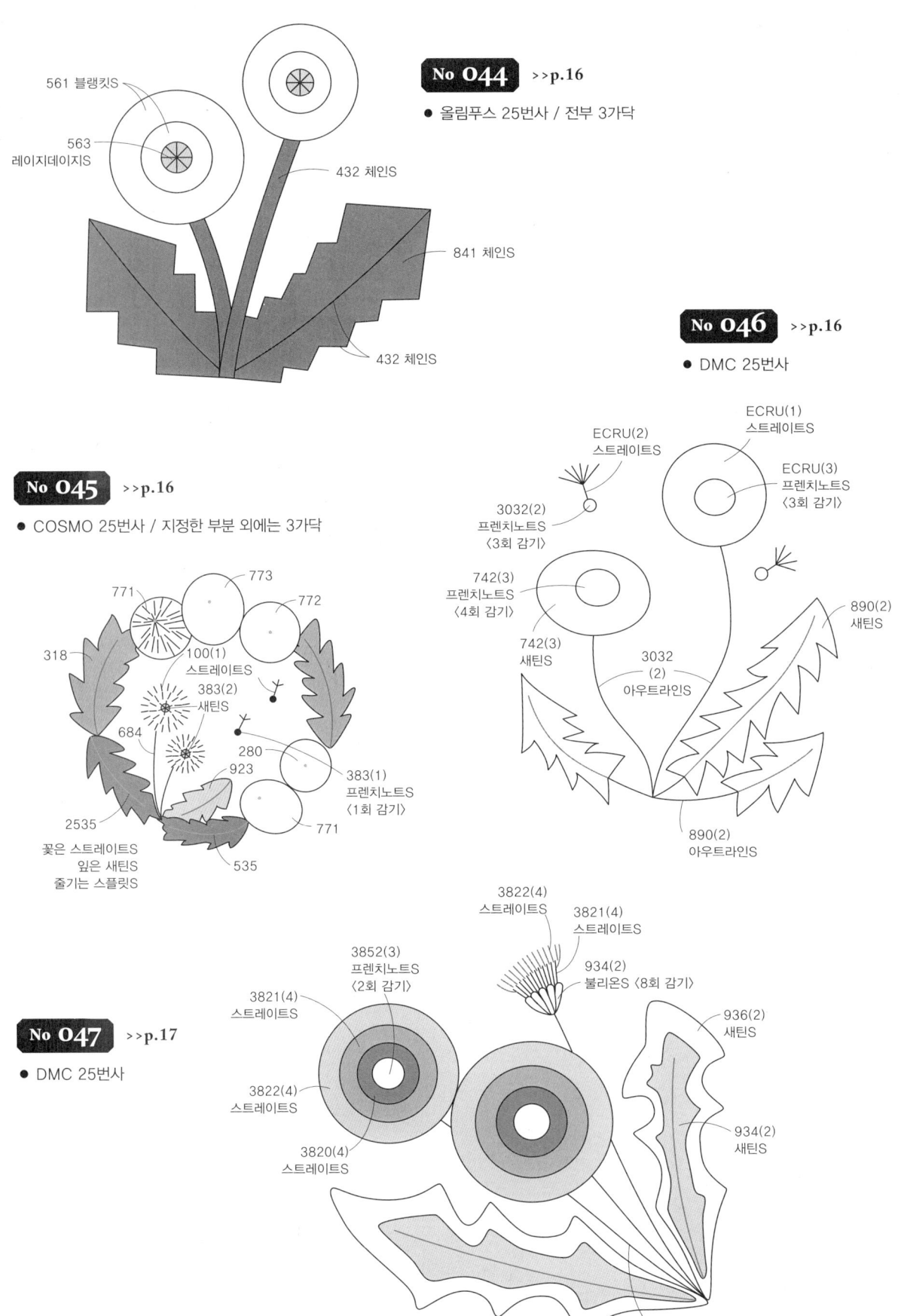

No 048 >>p.17

- DMC 25번사 / 전부 744

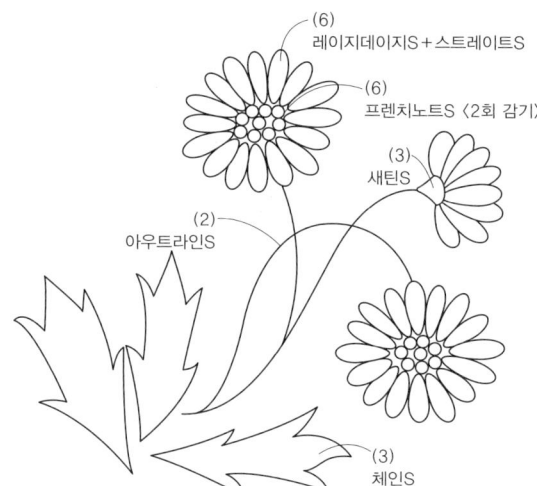

No 049 >>p.17

- DMC 25번사

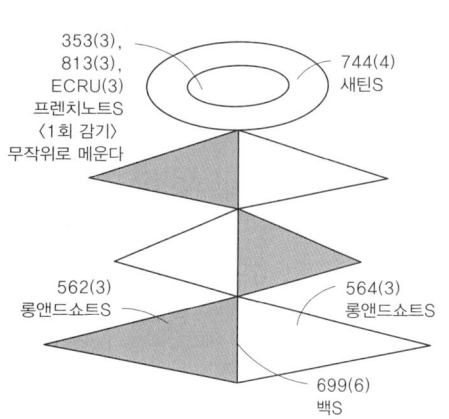

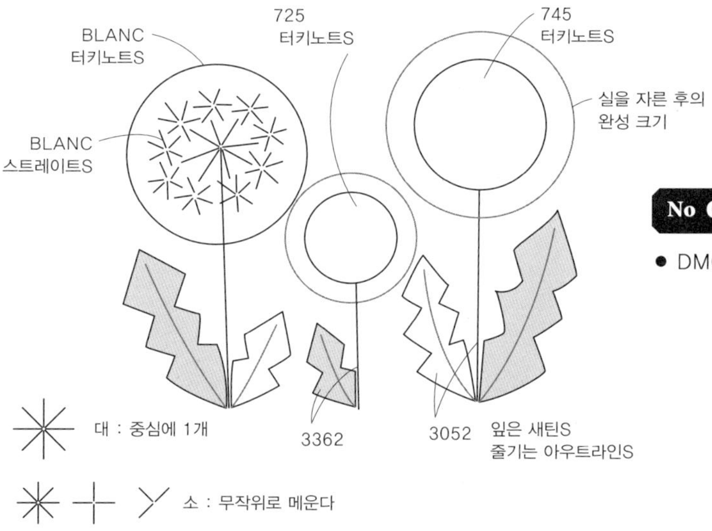

No 050 >>p.17

- DMC 25번사 / 전부 3가닥

No 051 >>p.18

- DMC 25번사 / 전부 2가닥

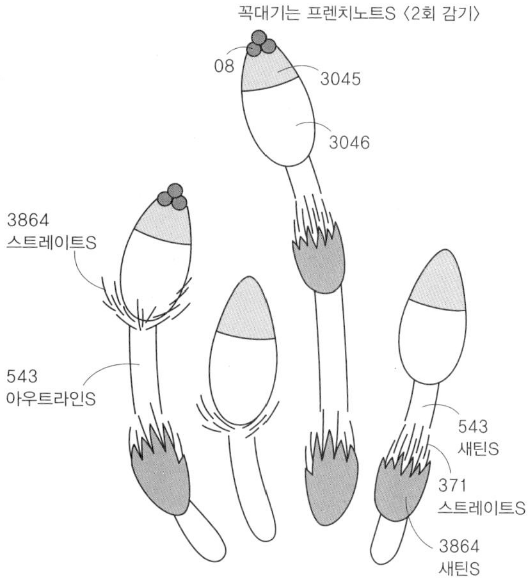

Dandelion [민들레]   Horsetail [쇠뜨기]

No 052 >>p.18

- DMC 25번사 / 지정한 부분 외에는 2가닥 백S

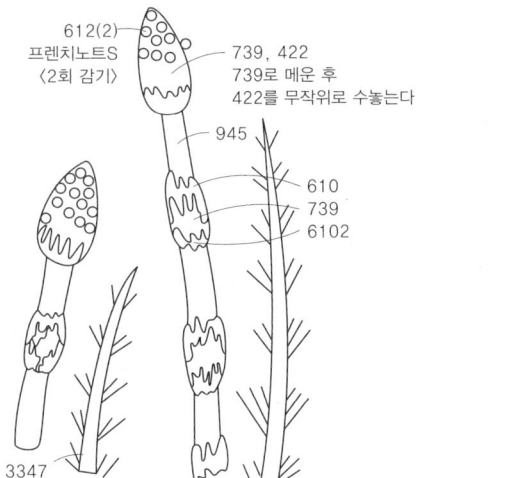

- 612(2) 프렌치노트S 〈2회 감기〉
- 739, 422 739로 메운 후 422를 무작위로 수놓는다
- 945
- 610
- 739
- 6102
- 3347

No 053 >>p.18

- DMC 태피스트리 울 / 전부 2가닥

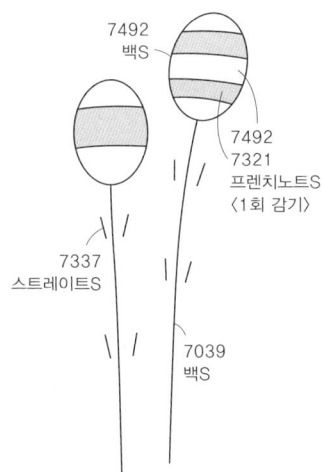

- 7492 백S
- 7492
- 7321 프렌치노트S 〈1회 감기〉
- 7337 스트레이트S
- 7039 백S

No 054 >>p.19

- DMC 25번사

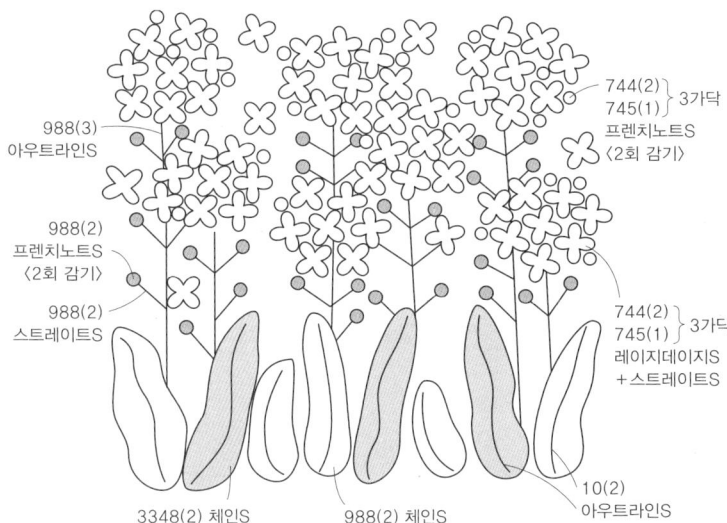

- 988(3) 아우트라인S
- 744(2) 745(1) 3가닥 프렌치노트S 〈2회 감기〉
- 988(2) 프렌치노트S 〈2회 감기〉
- 988(2) 스트레이트S
- 744(2) 745(1) 3가닥 레이지데이지S + 스트레이트S
- 3348(2) 체인S
- 988(2) 체인S
- 10(2) 아우트라인S

No 055 >>p.19

- DMC 25번사 / 전부 4가닥

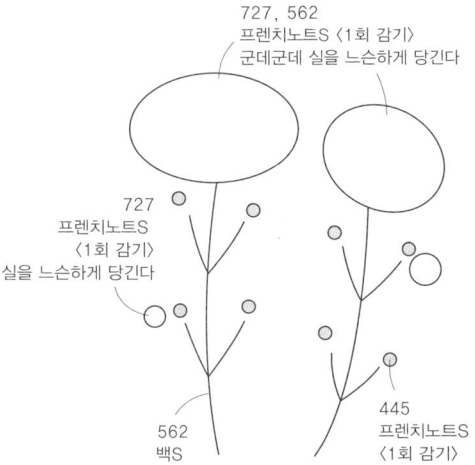

- 727, 562 프렌치노트S 〈1회 감기〉 군데군데 실을 느슨하게 당긴다
- 727 프렌치노트S 〈1회 감기〉 실을 느슨하게 당긴다
- 562 백S
- 445 프렌치노트S 〈1회 감기〉

No 056 >>p.19

- Sunny Thread

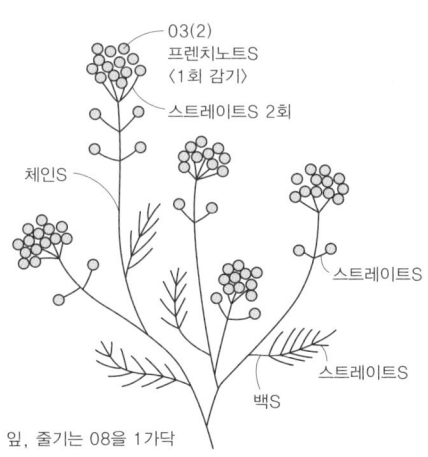

- 03(2) 프렌치노트S 〈1회 감기〉
- 스트레이트S 2회
- 체인S
- 스트레이트S
- 스트레이트S
- 백S

잎, 줄기는 08을 1가닥

No 057 >>p.19

- 올림푸스 25번사 / 전부 2가닥

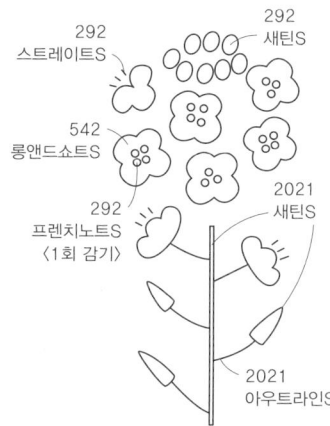

292 스트레이트S
292 새틴S
542 롱앤드쇼트S
292 프렌치노트S 〈1회 감기〉
2021 새틴S
2021 아우트라인S

No 058 >>p.19

- DMC 25번사

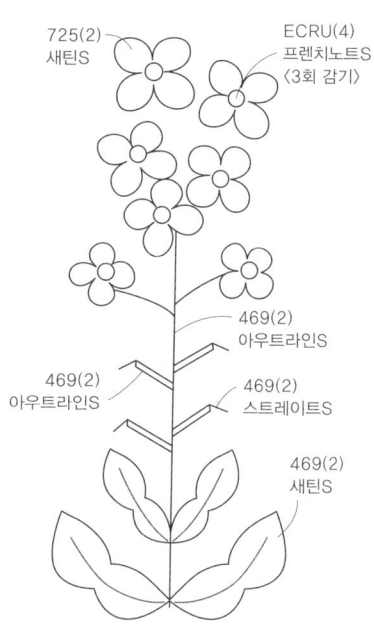

725(2) 새틴S
ECRU(4) 프렌치노트S 〈3회 감기〉
469(2) 아우트라인S
469(2) 아우트라인S
469(2) 스트레이트S
469(2) 새틴S

No 059 >>p.20

- DMC 25번사

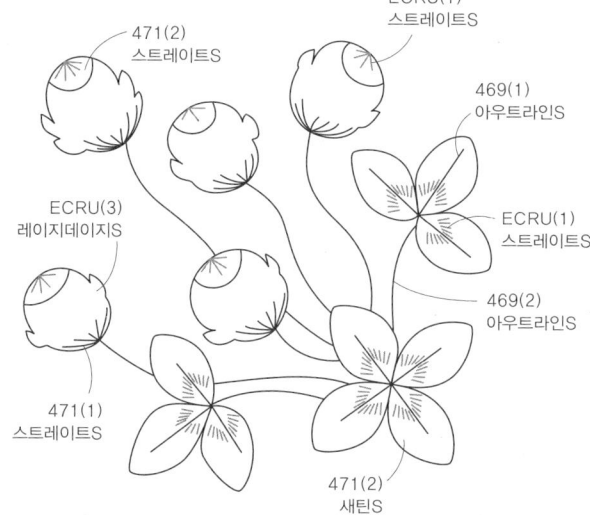

471(2) 스트레이트S
ECRU(1) 스트레이트S
469(1) 아우트라인S
ECRU(3) 레이지데이지S
ECRU(1) 스트레이트S
469(2) 아우트라인S
471(1) 스트레이트S
471(2) 새틴S

No 060 >>p.20

- 지정한 부분 외에는 DMC 25번사

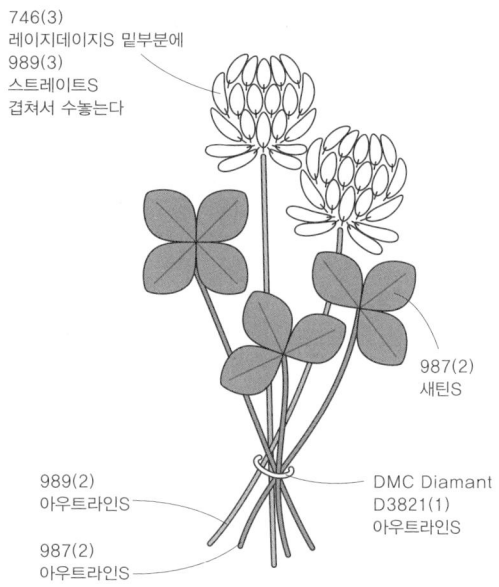

746(3) 레이지데이지S 밑부분에
989(3) 스트레이트S 겹쳐서 수놓는다
987(2) 새틴S
989(2) 아우트라인S
987(2) 아우트라인S
DMC Diamant D3821(1) 아우트라인S

No 061 >>p.20
- DMC 태피스트리 울 / 전부 2가닥

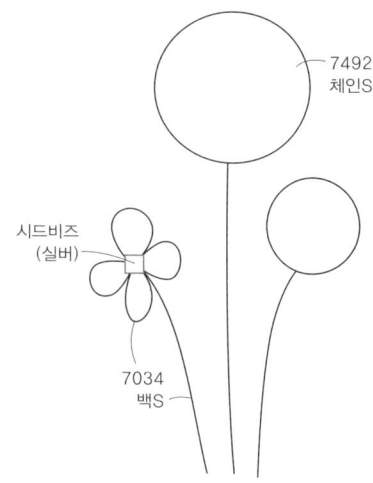

No 065 >>p.21
- 올림푸스 25번사 / 전부 3가닥

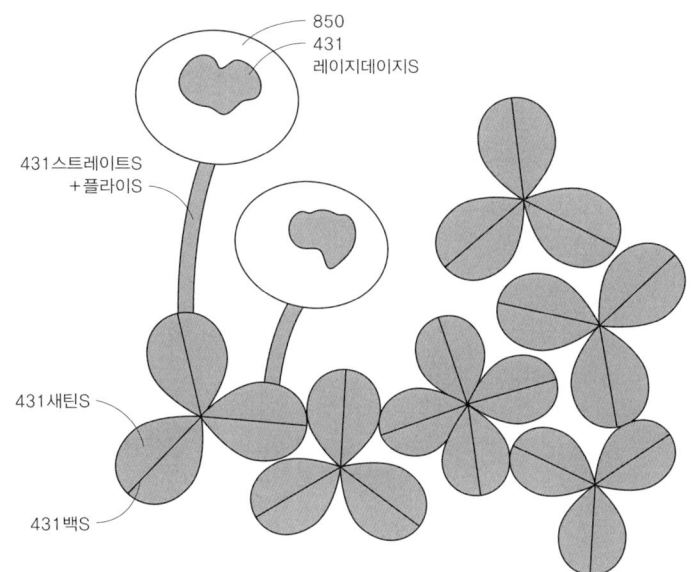

No 063 >>p.21
- DMC 25번사

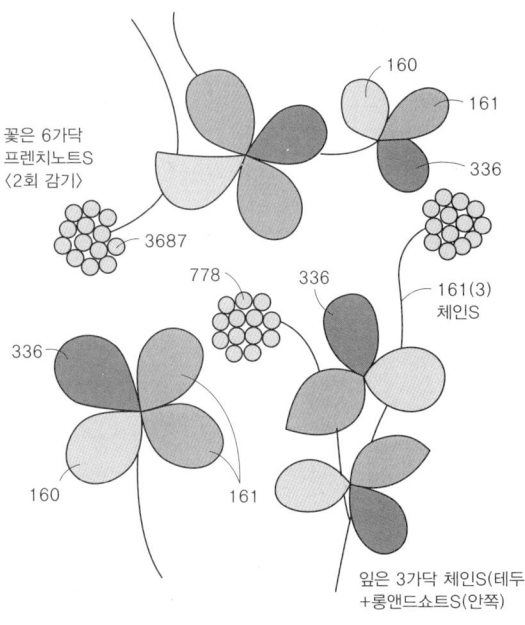

No 064 >>p.21
- DMC 25번사

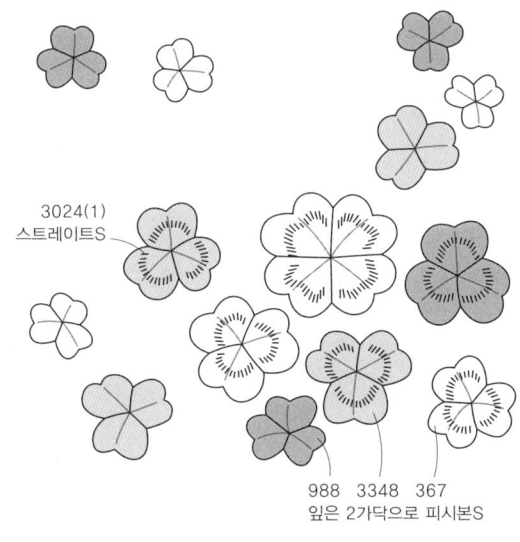

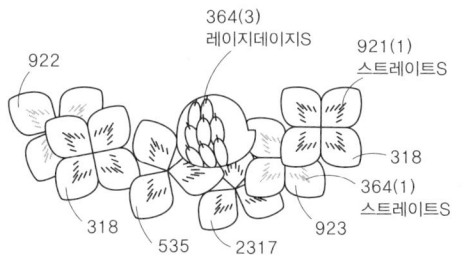

No 062 >>p.21
- COSMO 25번사 / 지정한 부분 외에는 3가닥 새틴S

White clover [토끼풀]　Strawberry [딸기]

No 066 >>p.22

● DMC 25번사

- 498(4) 프렌치노트S 〈4회 감기〉
- 895(2) 새틴S
- 895(2) 아웃라인S
- 725(2) 프렌치노트S 〈3회 감기〉
- BLANC(2) 새틴S

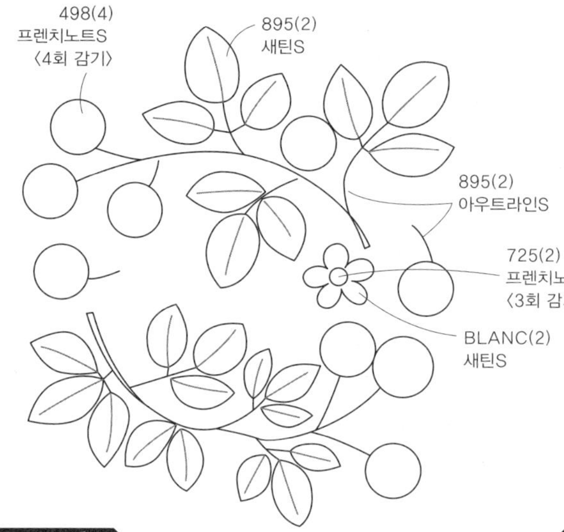

No 071 >>p.23

● DMC 25번사

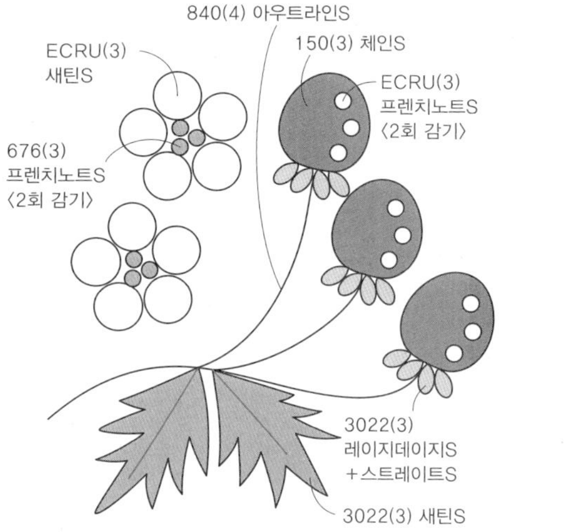

- 840(4) 아웃라인S
- 150(3) 체인S
- ECRU(3) 새틴S
- ECRU(3) 프렌치노트S 〈2회 감기〉
- 676(3) 프렌치노트S 〈2회 감기〉
- 3022(3) 레이지데이지S + 스트레이트S
- 3022(3) 새틴S

No 067 >>p.22

● DMC 25번사

- 351(1) 프렌치노트S 〈2회 감기〉
- 936(1) 아웃라인S
- 746(1) 프렌치노트S 〈2회 감기〉
- 3053(1) 프렌치노트S 〈2회 감기〉
- 746(2) 아웃라인S
- 3078(3) 프렌치노트S 〈2회 감기〉
- 3862(1) 아웃라인S
- 3053(2) 레이지데이지S
- 581(1) 프렌치노트S 〈2회 감기〉
- 936(1) 새틴S

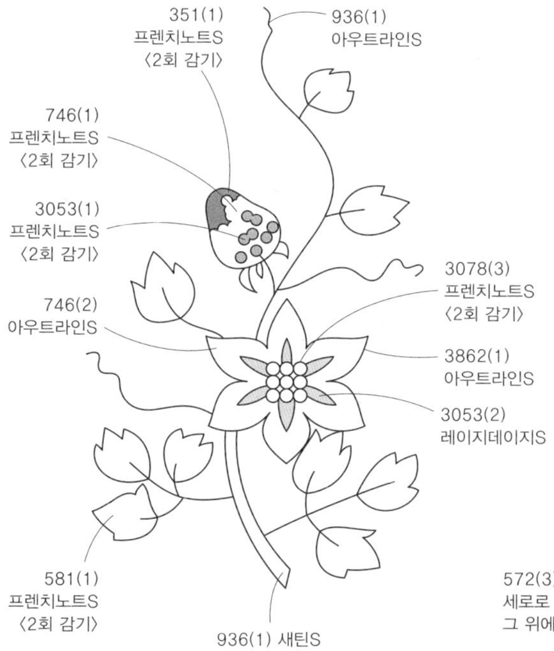

No 070 >>p.23

● COSMO 25번사 / 지정한 부분 외에는 2가닥

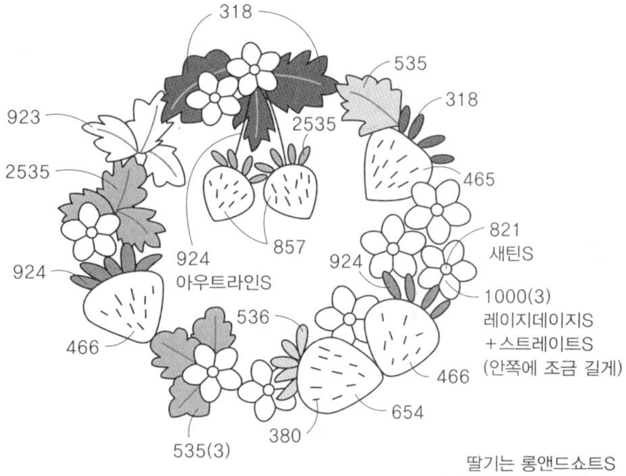

- 318
- 535
- 923
- 2535
- 318
- 2535
- 857
- 465
- 924
- 821 새틴S
- 924
- 1000(3) 레이지데이지S + 스트레이트S (안쪽에 조금 길게)
- 466
- 924 아웃라인S
- 536
- 466
- 654
- 535(3)
- 380

딸기는 롱앤드쇼트S
딸기 씨는 스트레이트S
딸기 꼭지는 스트레이트S
잎은 3가닥 새틴S

- 572(3) 새틴S 세로로 3줄 스트레이트S한 다음 그 위에 가로로 수놓는다
- Seasons8001(3) 새틴S
- 316A(3) 아웃라인S
- 2211(3) 스트레이트S
- 921(2) 플랫S

No 068 >>p.22

● COSMO 25번사

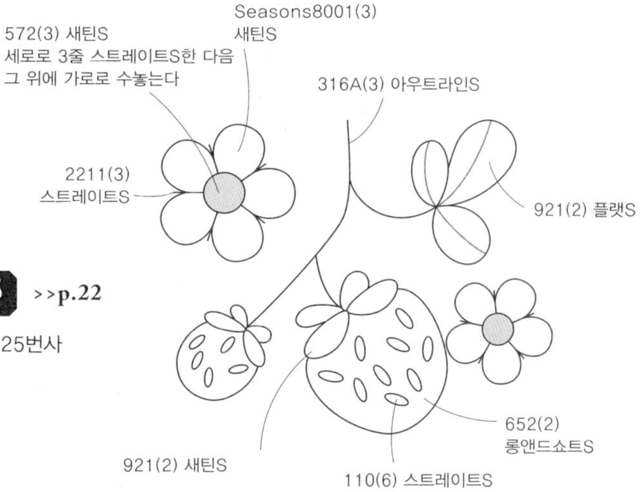

- 921(2) 새틴S
- 110(6) 스트레이트S
- 652(2) 롱앤드쇼트S

No 069 >>p.22

● DMC 25번사 / 전부 3가닥

No 072 >>p.23

● DMC 25번사 / 전부 2가닥

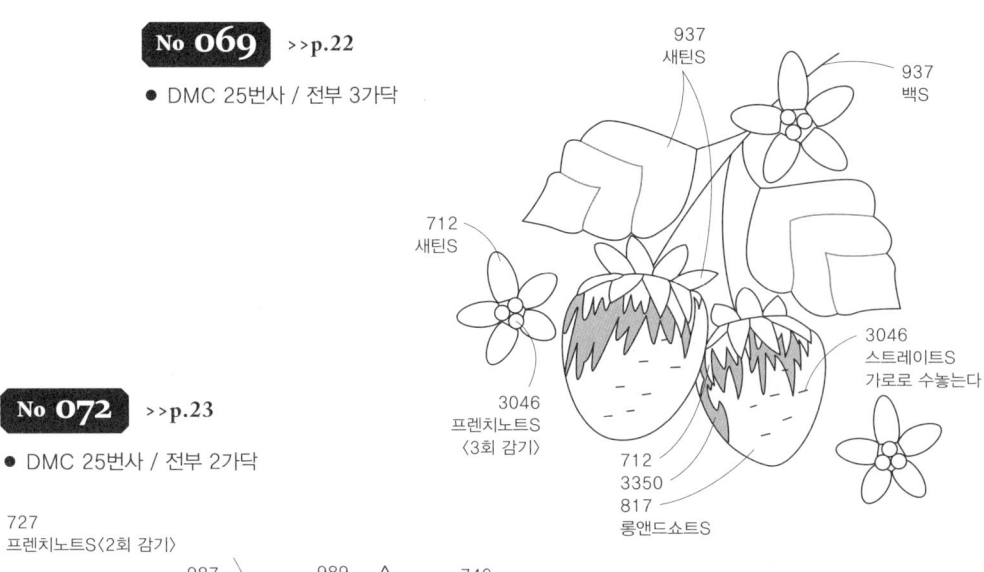

No 074 >>p.23

● DMC 25번사 / 지정한 부분 외에는 1가닥 새틴S

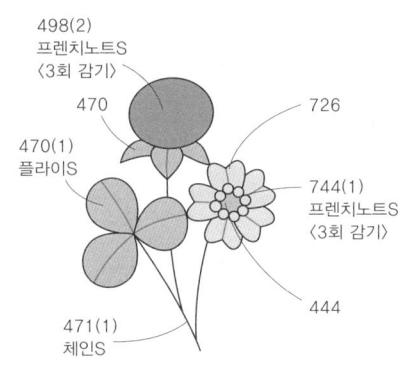

No 073 >>p.23

● DMC 25번사 / 지정한 부분 외에는 3가닥

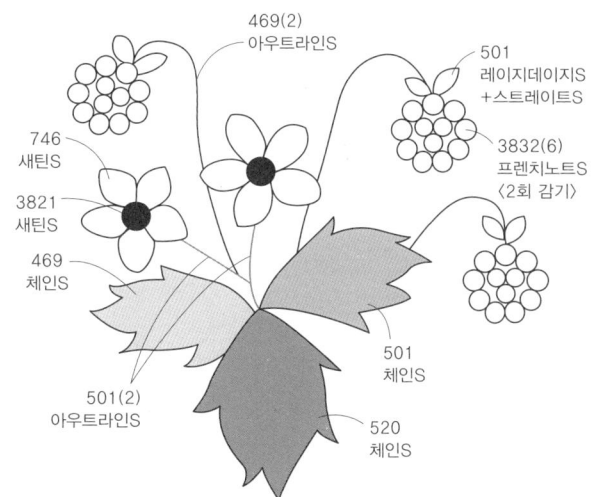

No 077 >>p.25

● COSMO 25번사 / 전부 2가닥

Strawberry [딸기]　Daisy [데이지]

No 075 >>p.24

● 지정한 부분 외에는 DMC 25번사

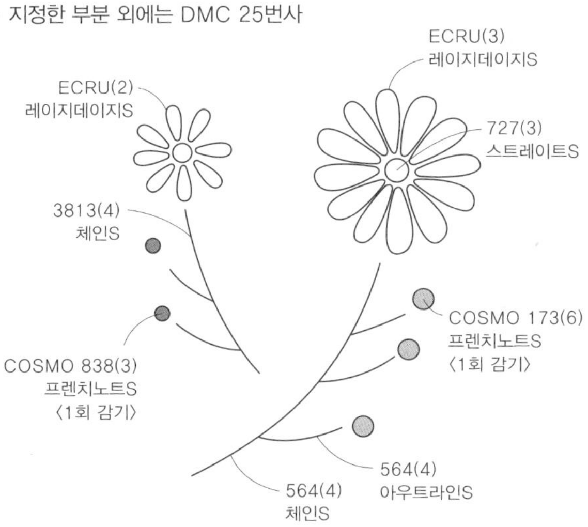

- ECRU(2) 레이지데이지S
- ECRU(3) 레이지데이지S
- 727(3) 스트레이트S
- 3813(4) 체인S
- COSMO 838(3) 프렌치노트S 〈1회 감기〉
- COSMO 173(6) 프렌치노트S 〈1회 감기〉
- 564(4) 체인S
- 564(4) 아웃라인S

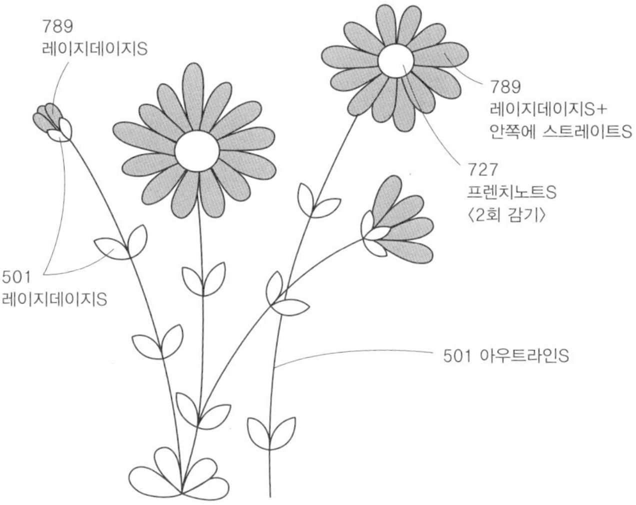

No 076 >>p.24

● COSMO 25번사

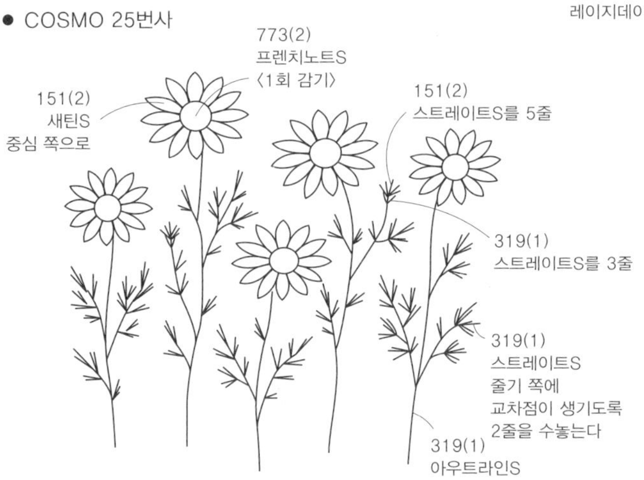

- 773(2) 프렌치노트S 〈1회 감기〉
- 151(2) 새틴S 중심 쪽으로
- 151(2) 스트레이트S를 5줄
- 319(1) 스트레이트S를 3줄
- 319(1) 스트레이트S 줄기 쪽에 교차점이 생기도록 2줄을 수놓는다
- 319(1) 아웃라인S

No 078 >>p.25

● DMC 25번사 / 전부 2가닥

- 789 레이지데이지S
- 789 레이지데이지S + 안쪽에 스트레이트S
- 727 프렌치노트S 〈2회 감기〉
- 501 레이지데이지S
- 501 아웃라인S

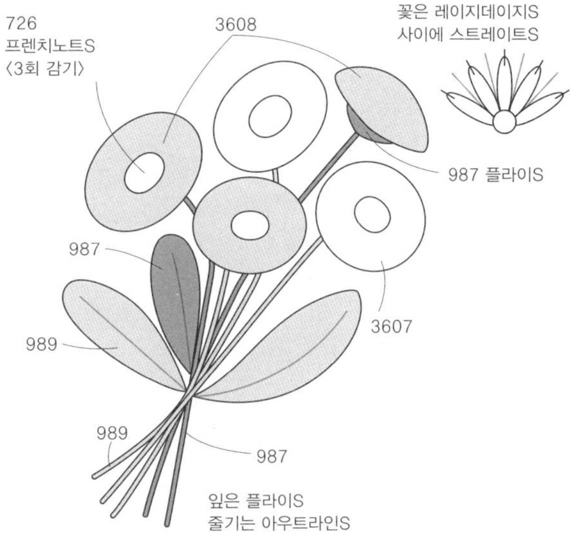

No 079 >>p.25

● DMC 25번사

- 676(6) 프렌치노트S 〈2회 감기〉
- 3753(6) 레이지데이지S + 스트레이트S
- 729(3) 프렌치노트S 〈2회 감기〉
- 3363(4) 레이지데이지S + 안쪽에 스트레이트S
- 3363(4) 아웃라인S
- 224(3) 아웃라인S

No 080 >>p.25

● DMC 25번사 / 전부 2가닥

- 726 프렌치노트S 〈3회 감기〉
- 3608
- 꽃은 레이지데이지S 사이에 스트레이트S
- 987 플라이S
- 987
- 989
- 3607
- 989
- 987
- 잎은 플라이S 줄기는 아웃라인S

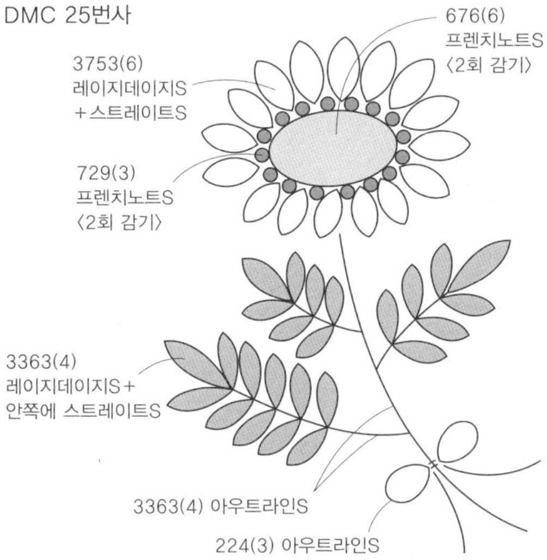

No 081 >>p.25

- 올림푸스 25번사 / 지정한 부분 외에는 2가닥 체인S

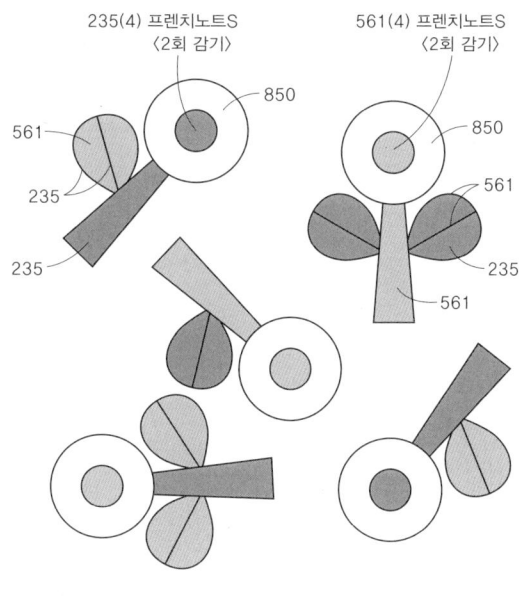

No 082 >>p.26

- 올림푸스 25번사

No 083 >>p.26

- DMC 25번사

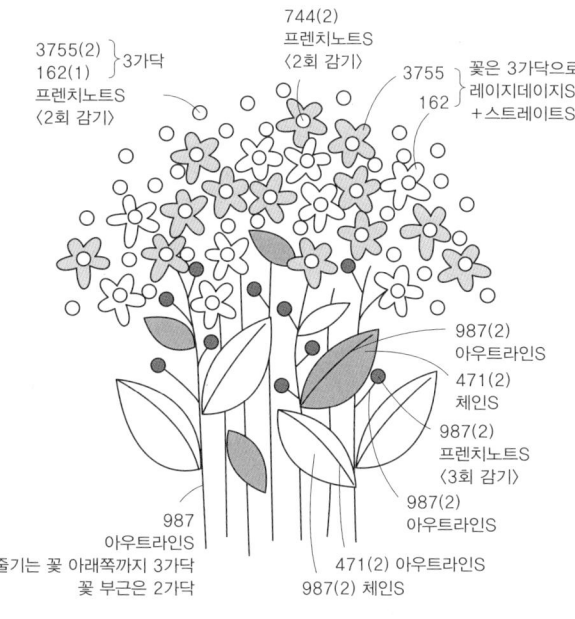

No 086 >>p.26

- DMC 25번사 / 지정한 부분 외에는 2가닥

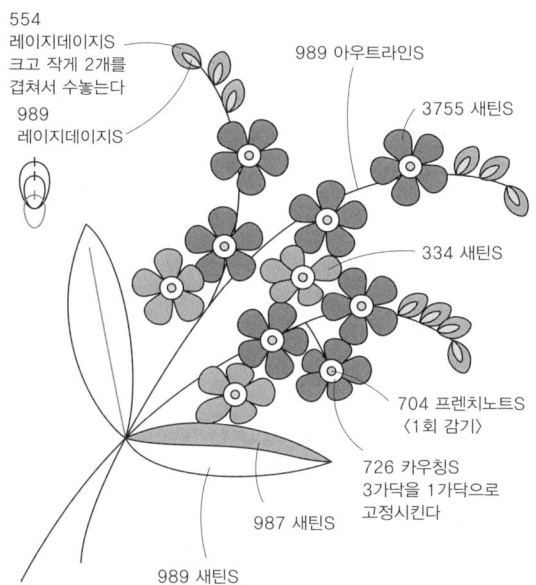

No 084 >>p.26

● 지정한 부분 외에는 DMC 25번사 / 전부 2가닥

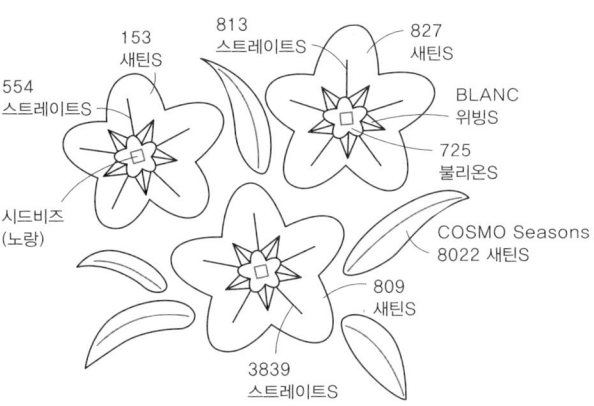

No 085 >>p.26

● DMC 25번사

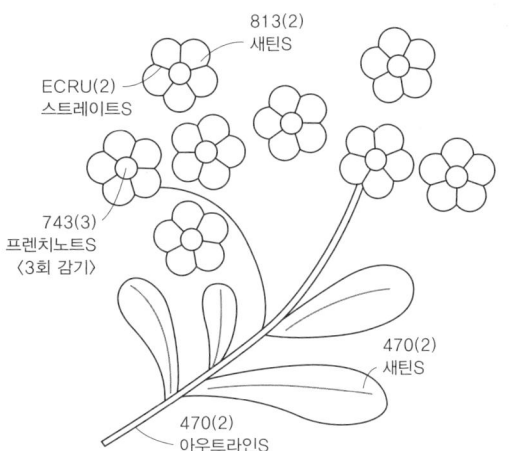

No 087 >>p.26

● COSMO 25번사 / 지정한 부분 외에는 3가닥

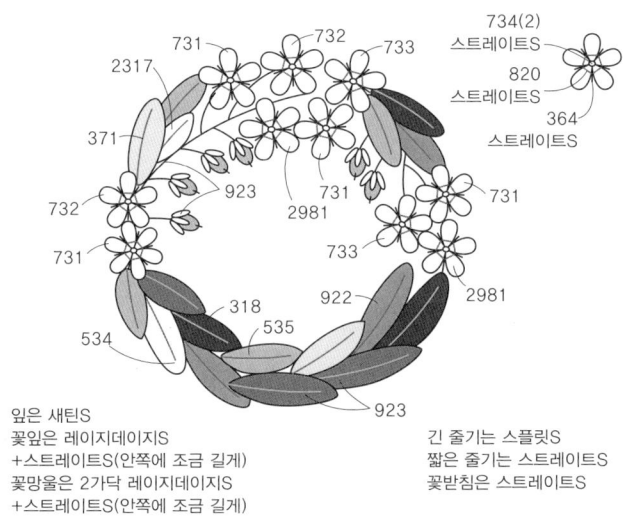

잎은 새틴S
꽃잎은 레이지데이지S
+스트레이트S(안쪽에 조금 길게)
꽃망울은 2가닥 레이지데이지S
+스트레이트S(안쪽에 조금 길게)

긴 줄기는 스플릿S
짧은 줄기는 스트레이트S
꽃받침은 스트레이트S

No 088 >>p.28

● COSMO 25번사 / 지정한 부분 외에는 2가닥 롱앤드쇼트S

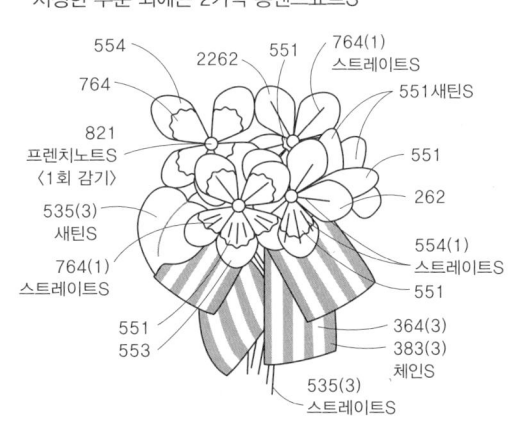

No 089 >>p.28

● DMC 25번사

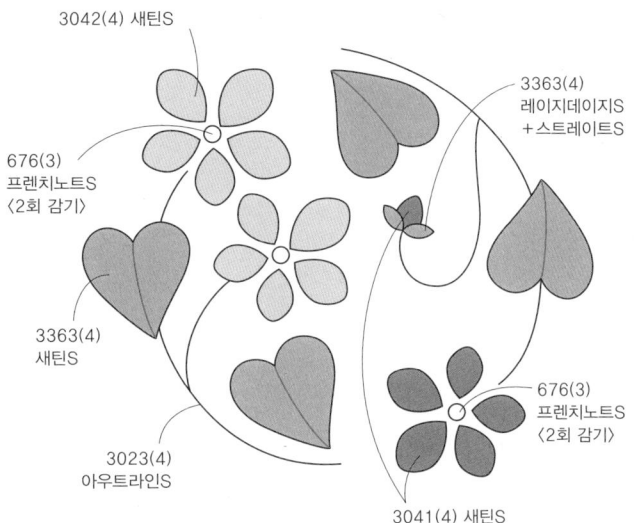

No 090 >>p.28
- COSMO 25번사

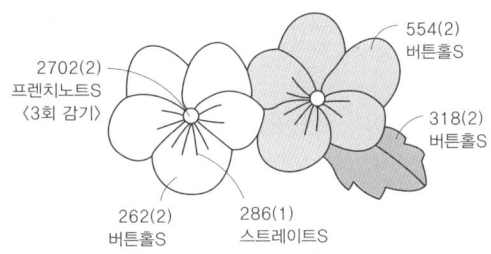

- 554(2) 버튼홀S
- 2702(2) 프렌치노트S 〈3회 감기〉
- 318(2) 버튼홀S
- 262(2) 버튼홀S
- 286(1) 스트레이트S

No 091 >>p.29
- DMC 25번사 / 지정한 부분 외에는 1가닥

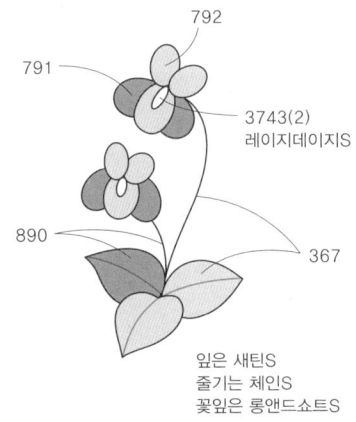

- 792
- 791
- 3743(2) 레이지데이지S
- 890
- 367

잎은 새틴S
줄기는 체인S
꽃잎은 롱앤드쇼트S

No 092 >>p.29
- DMC 25번사

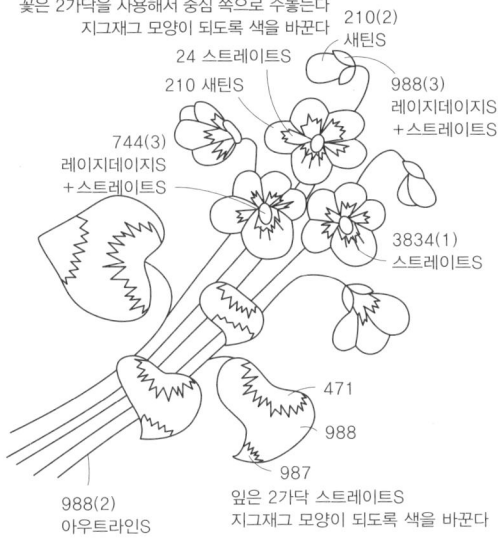

꽃은 2가닥을 사용해서 중심 쪽으로 수놓는다
지그재그 모양이 되도록 색을 바꾼다
- 210(2) 새틴S
- 24 스트레이트S
- 210 새틴S
- 988(3) 레이지데이지S +스트레이트S
- 744(3) 레이지데이지S +스트레이트S
- 3834(1) 스트레이트S
- 471
- 988
- 987
- 988(2) 아웃라인S

잎은 2가닥 스트레이트S
지그재그 모양이 되도록 색을 바꾼다

No 094 >>p.29
- COSMO 25번사

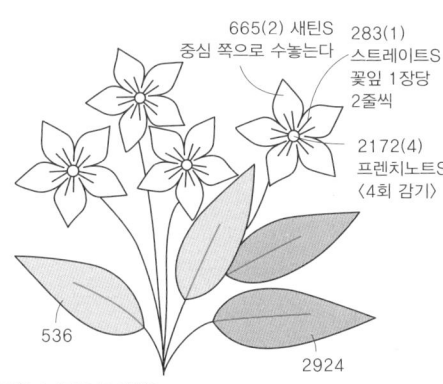

- 665(2) 새틴S 중심 쪽으로 수놓는다
- 283(1) 스트레이트S 꽃잎 1장당 2줄씩
- 2172(4) 프렌치노트S 〈4회 감기〉
- 536
- 2924

잎은 2가닥으로 새틴S
줄기는 2가닥으로 아웃라인S

No 093 >>p.29
- 올림푸스 25번사 / 전부 2가닥

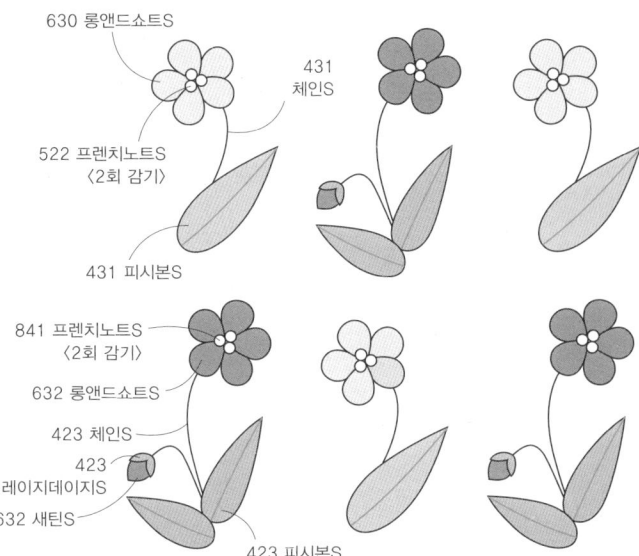

- 630 롱앤드쇼트S
- 431 체인S
- 522 프렌치노트S 〈2회 감기〉
- 431 피시본S
- 841 프렌치노트S 〈2회 감기〉
- 632 롱앤드쇼트S
- 423 체인S
- 423 레이지데이지S
- 632 새틴S
- 423 피시본S

No 095 >>p.30

- DMC 25번사

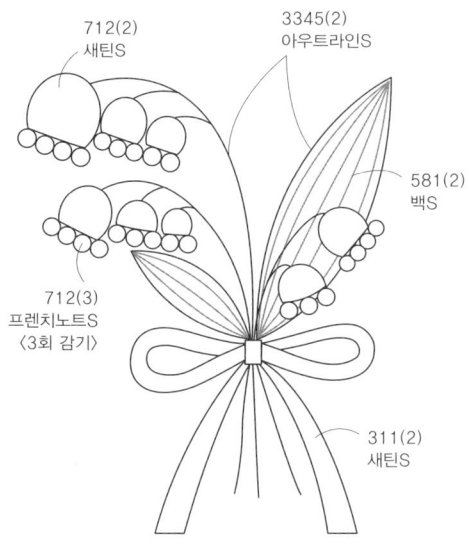

No 096 >>p.30

- COSMO 25번사 / 지정한 부분 외에는 3가닥 아우트라인S

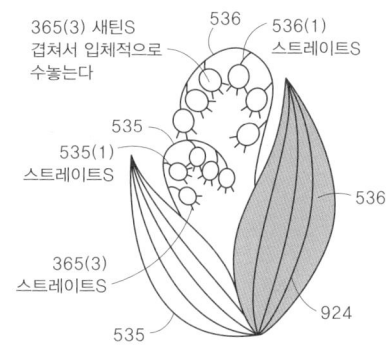

No 098 >>p.30

- COSMO 25번사 / 지정한 부분 외에는 2가닥 새틴S

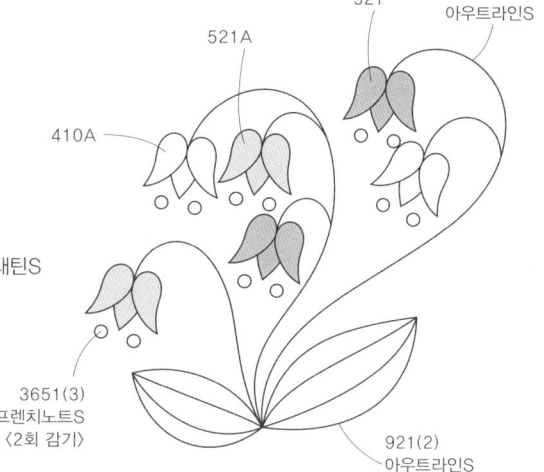

No 097 >>p.30

- DMC 25번사 / 전부 3가닥

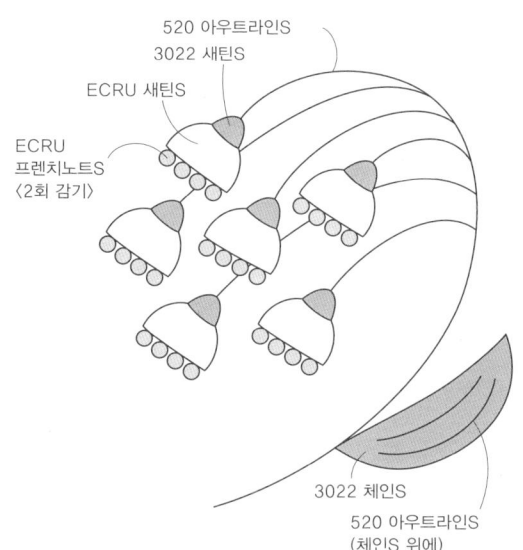

No 099 >>p30

- 올림푸스 25번사 / 전부 3가닥

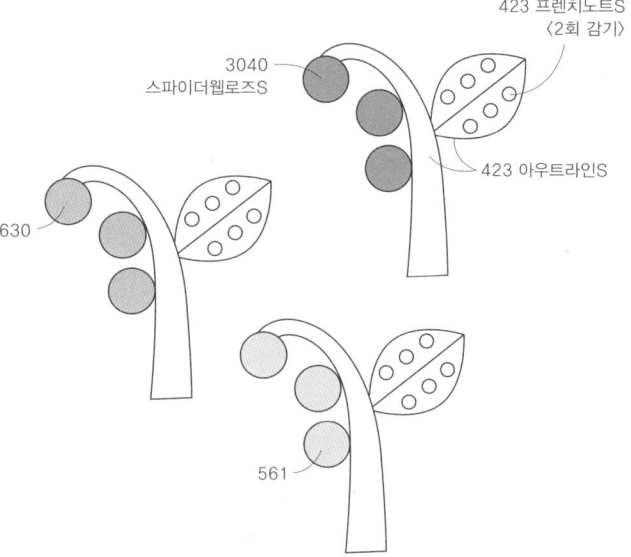

No 100 >>p.30

● DMC 25번사

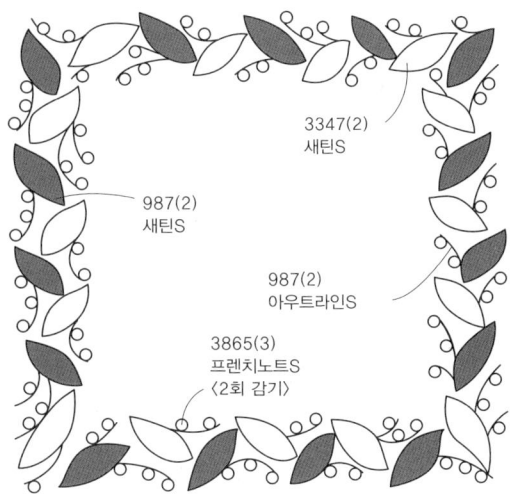

No 101 >>p.32

● DMC 25번사

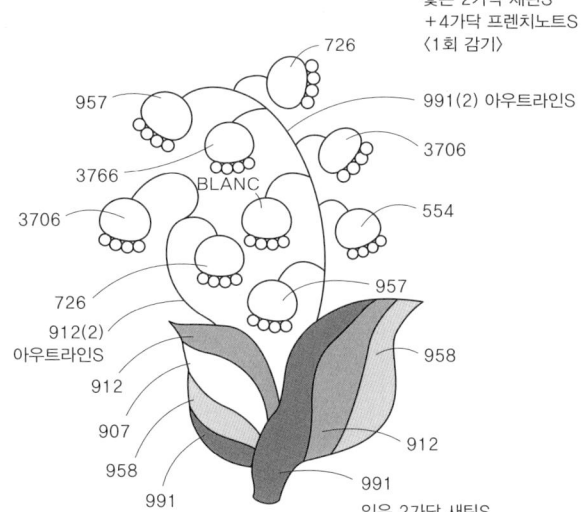

No 102 >>p.32

● DMC 25번사 / 지정한 부분 외에는 2가닥 새틴S

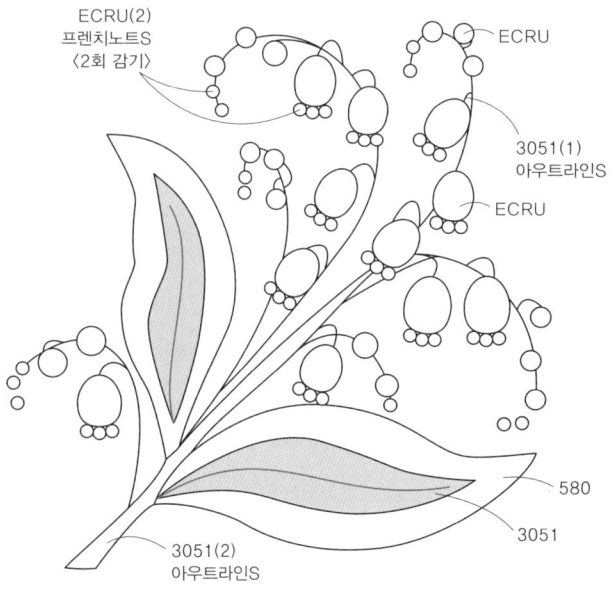

No 103 >>p.33

● DMC 태피스트리 울 / 전부 2가닥

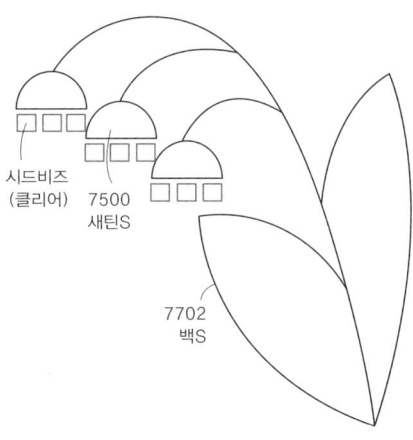

No 104 >>p.33

● COSMO 25번사

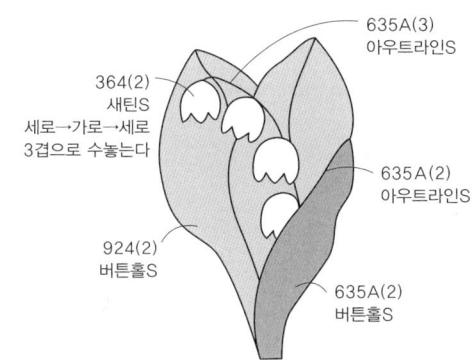

No 105 >>p.33
- COSMO 25번사

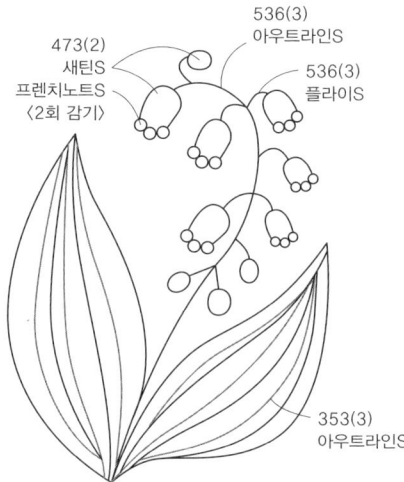

473(2) 새틴S 프렌치노트S 〈2회 감기〉
536(3) 아우트라인S
536(3) 플라이S
353(3) 아우트라인S

No 106 >>p.33
- DMC 25번사

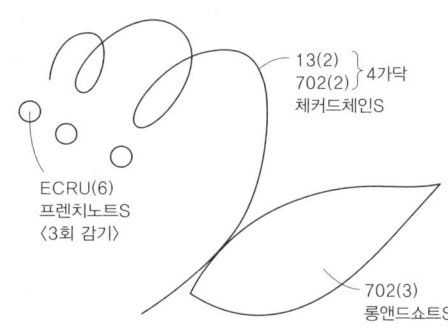

13(2) 702(2) 4가닥 체커드체인S
ECRU(6) 프렌치노트S 〈3회 감기〉
702(3) 롱앤드쇼트S

No 107 >>p.34
- COSMO 25번사 / 지정한 부분 외에는 1가닥

554
553
318
763
2262
821(2)
262
2535
534

꽃과 꽃망울은 레이지데이지S
+스트레이트S(안쪽에 조금 길게)
줄기는 아우트라인S, 잎은 새틴S
화심은 새틴S, 꽃술은 스트레이트S

No 108 >>p.34
- DMC 25번사

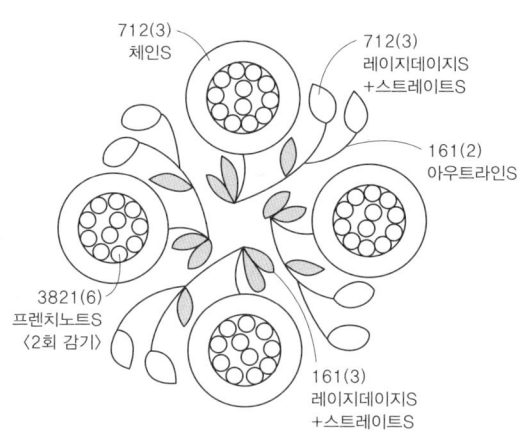

712(3) 체인S
712(3) 레이지데이지S +스트레이트S
161(2) 아우트라인S
3821(6) 프렌치노트S 〈2회 감기〉
161(3) 레이지데이지S +스트레이트S

No 109 >>p.34
- DMC 25번사

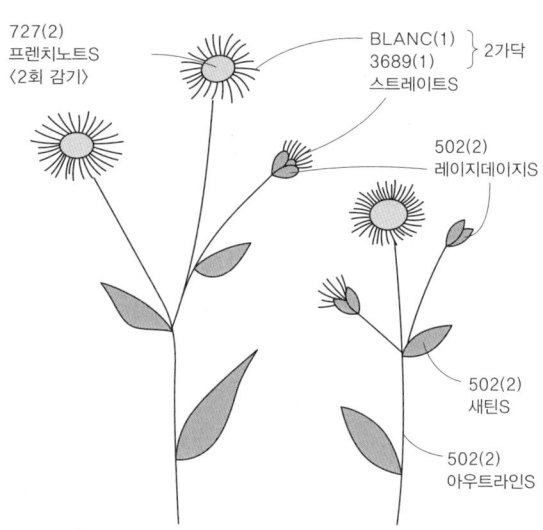

727(2) 프렌치노트S 〈2회 감기〉
BLANC(1) 3689(1) 2가닥 스트레이트S
502(2) 레이지데이지S
502(2) 새틴S
502(2) 아우트라인S

No 110 >>p.35
● DMC 25번사 / 전부 3865

No 111 >>p.35
● DMC 25번사 / 지정한 부분 외에는 2가닥 새틴S

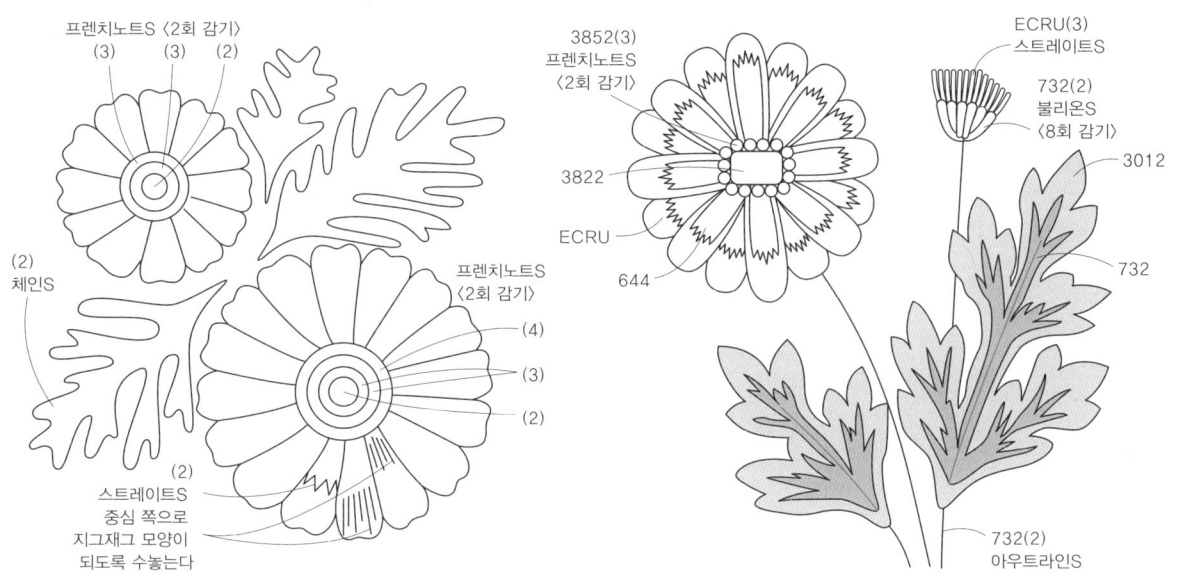

No 112 >>p.35
● DMC 25번사 / 전부 2가닥

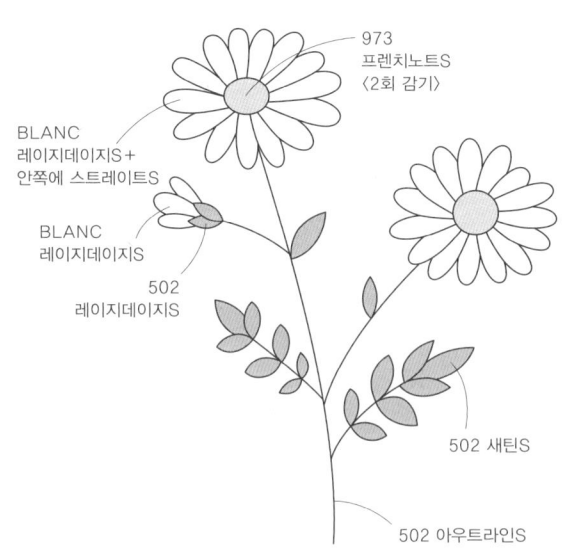

No 113 >>p.35
● DMC 25번사

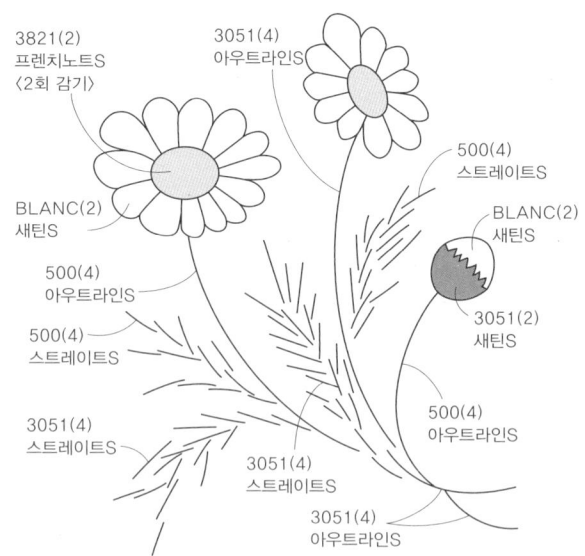

No 114 >>p.36

- COSMO 25번사 / 지정한 부분 외에는 2가닥 새틴S

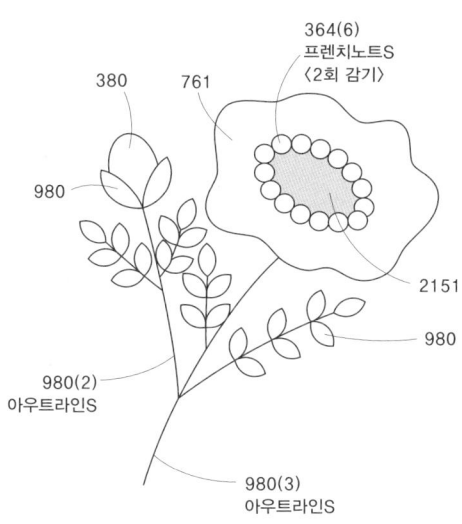

No 115 >>p.36

- DMC 25번사

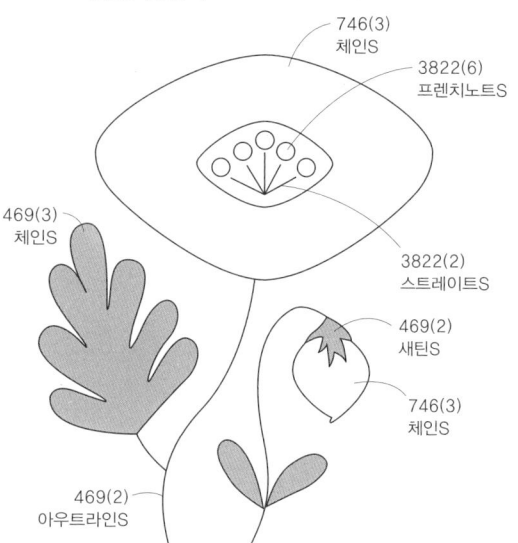

Marguerite [마거리트] Anemone [아네모네]

No 116 >>p.36

- 올림푸스 25번사 / 전부 2가닥

No 117 >>p.36

- DMC 25번사

No 118 >>p.37

- DMC 태피스트리 울 / 전부 2가닥

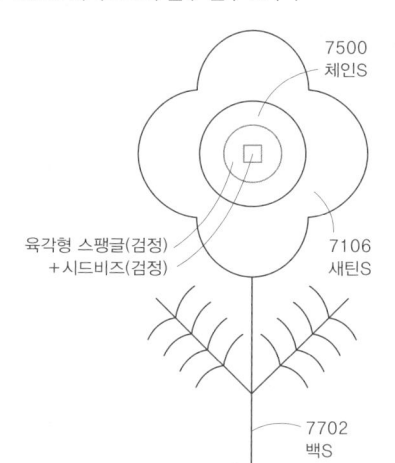

No 119 >>p.37

● DMC 25번사 / 지정한 부분 외에는 3가닥 새틴S

No 120 >>p.37

● DMC 25번사 / 지정한 부분 외에는 2가닥

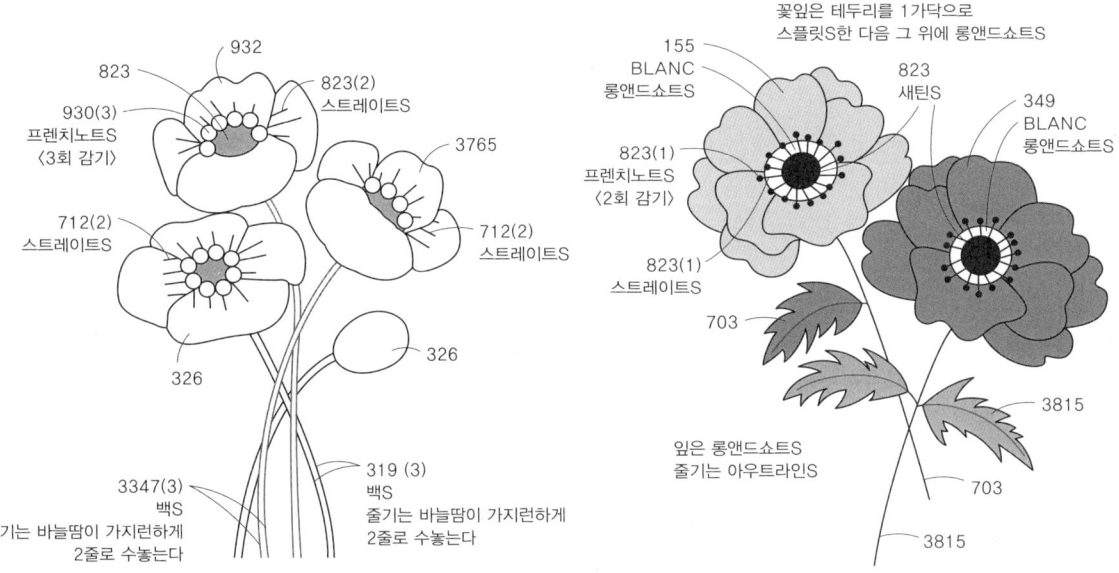

No 121 >>p.37

● COSMO 25번사 / 전부 2가닥

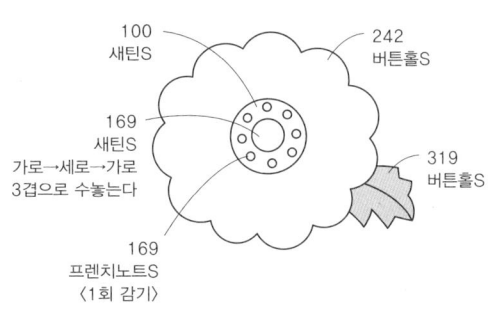

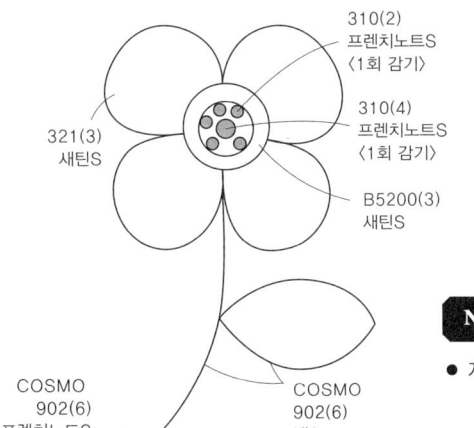

No 122 >>p.37

● DMC 25번사 / 지정한 부분 외에는 2가닥 새틴S

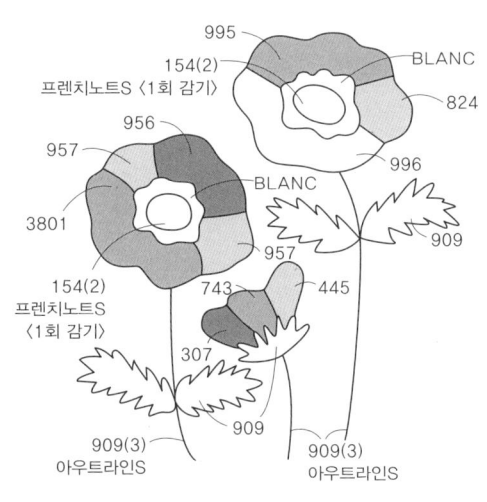

No 123 >>p.37

● 지정한 부분 외에는 DMC 25번사

No 124 >>p.38
● COSMO 25번사

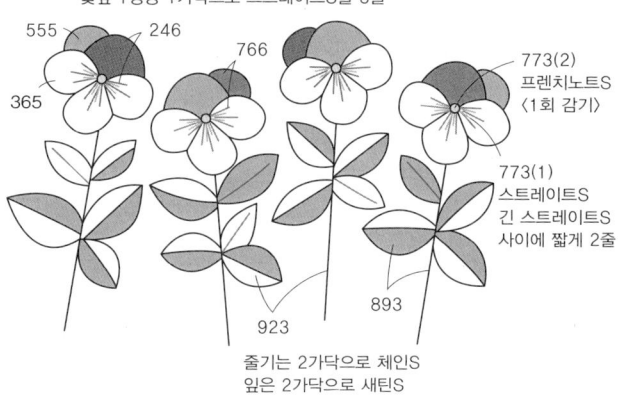

No 126 >>p.38
● Sunny Thread / 지정한 부분 외에는 2가닥 새틴S

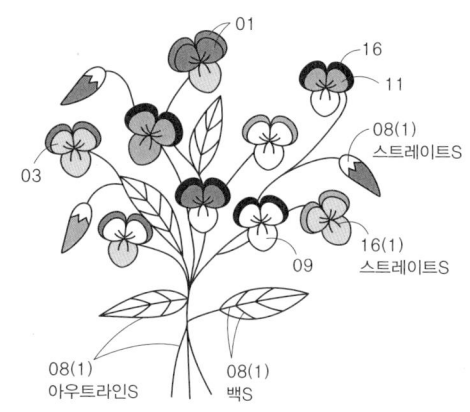

No 125 >>p.38
● COSMO 25번사

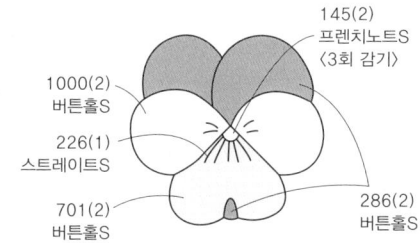

No 127 >>p.38
● 올림푸스 25번사 / 전부 1가닥

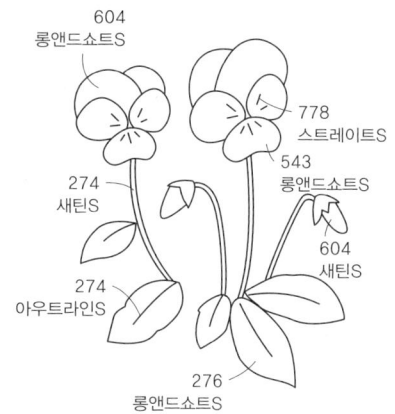

No 128 >>p.38
● DMC 25번사

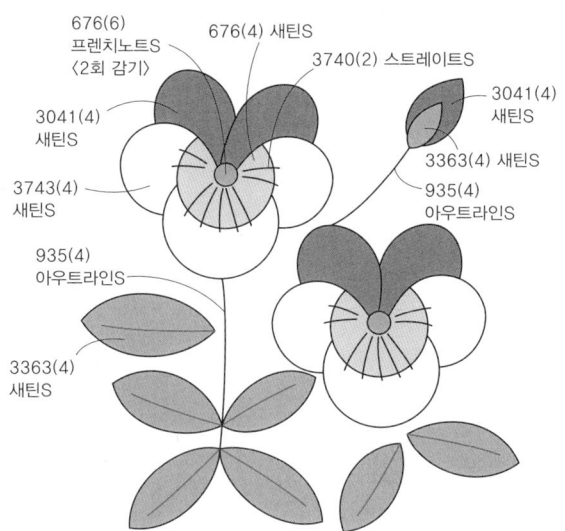

No 129 >>p.40
● DMC 25번사 / 지정한 부분 외에는 2가닥

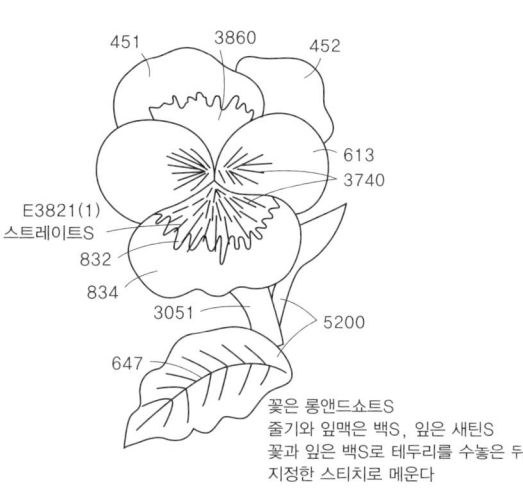

꽃은 롱앤드쇼트S
줄기와 잎맥은 백S, 잎은 새틴S
꽃과 잎은 백S로 테두리를 수놓은 뒤
지정한 스티치로 메운다

No 130 >>p.40

● 전부 25번사
C=COSMO, O=올림푸스, D=DMC

No 131 >>p.40

● DMC 25번사 / 지정한 부분 외에는 2가닥 새틴S

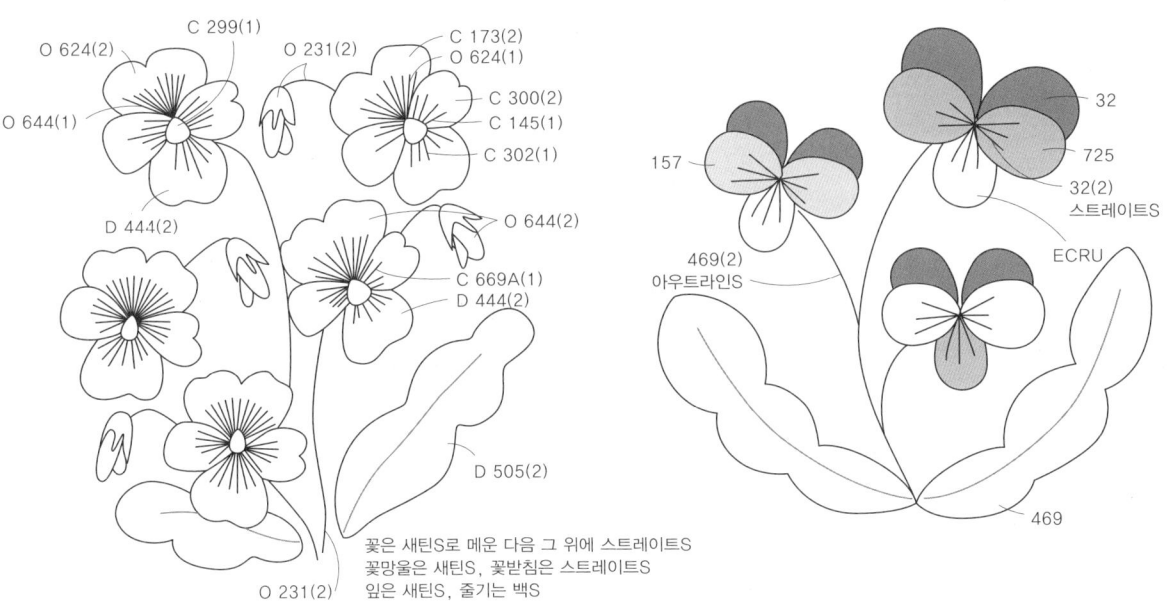

No 132 >>p.40

● 올림푸스 25번사 / 지정한 부분 외에는 4가닥

No 133 >>p.40

● DMC 태피스트리 울 / 전부 2가닥

No 137 >>p.41

● COSMO 25번사 / 전부 2가닥

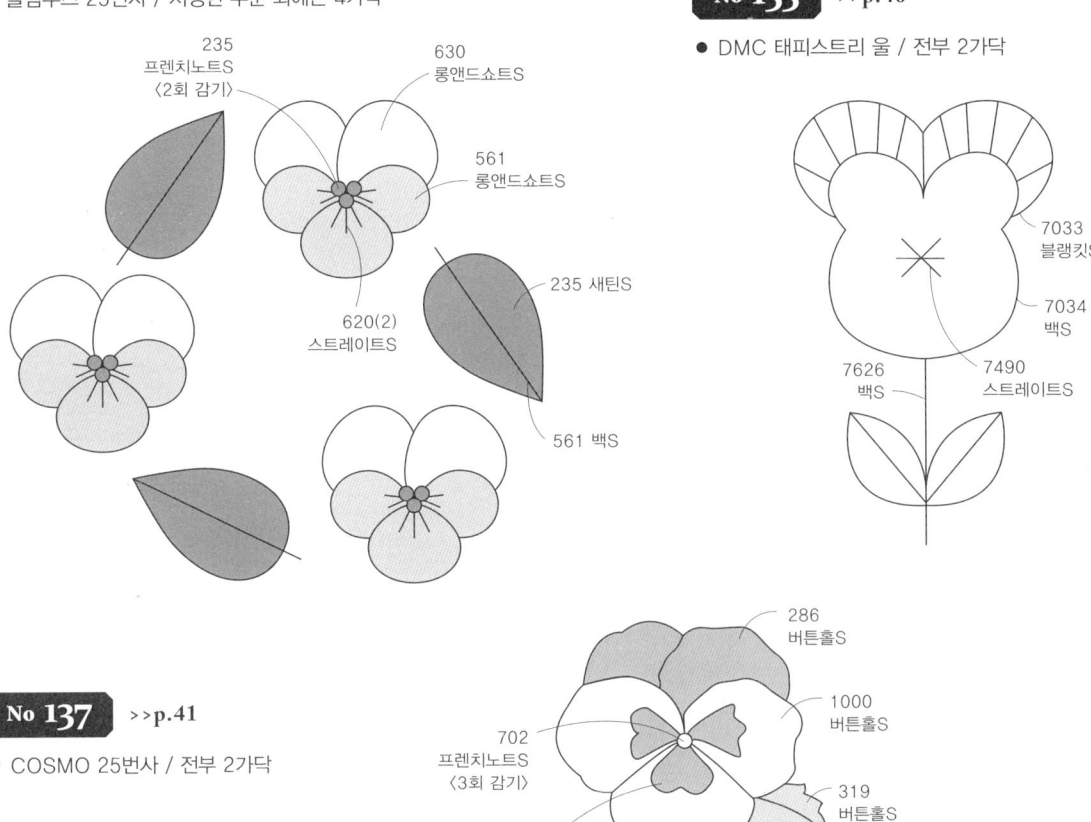

Viola & Pansy [비올라 & 팬지]

No 134 >>p.41

- DMC 25번사 / 전부 2가닥

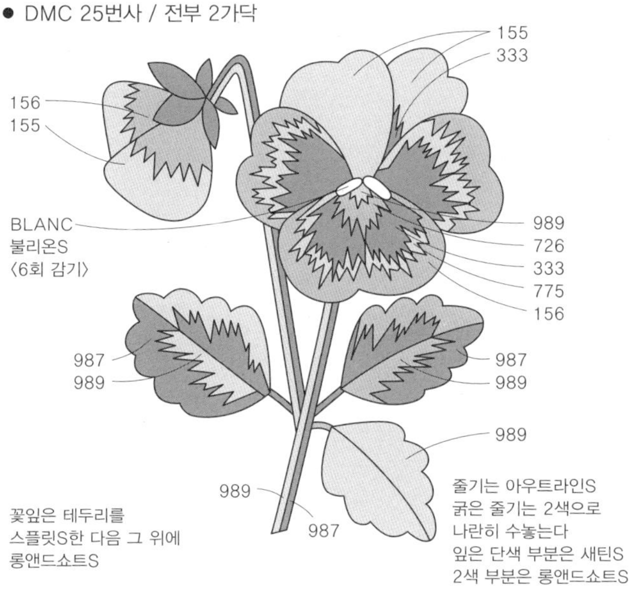

155
333
156
155
BLANC
불리온S
〈6회 감기〉
989
726
333
775
156
987
989
987
989
989
989
987

줄기는 아웃트라인S
굵은 줄기는 2색으로
나란히 수놓는다
잎은 단색 부분은 새틴S
2색 부분은 롱앤드쇼트S

꽃잎은 테두리를
스플릿S한 다음 그 위에
롱앤드쇼트S

No 138 >>p.41

- 지정한 부분 외에는 DMC 25번사

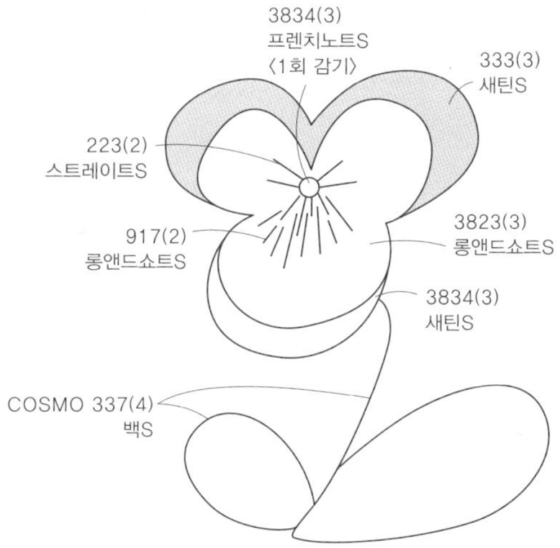

3834(3)
프렌치노트S
〈1회 감기〉
333(3)
새틴S
223(2)
스트레이트S
917(2)
롱앤드쇼트S
3823(3)
롱앤드쇼트S
3834(3)
새틴S
COSMO 337(4)
백S

No 135 >>p.41

- DMC 25번사 / 지정한 부분 외에는 2가닥 새틴S

3820(2)
불리온S
〈10회 감기〉
28
154
29
834
3740
939(1)
스트레이트S
647
3022(2)
아웃트라인S
3022

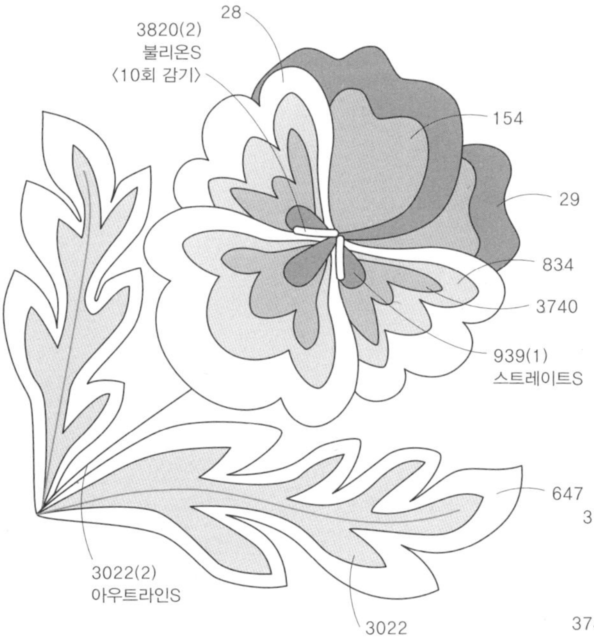

No 136 >>p.41

- DMC 25번사 / 지정한 부분 외에는 2가닥 새틴S

451
452
640(2) 스트레이트S
648
ECRU(4)
불리온S 〈20회 감기〉
ECRU
414
414
03
317
452
3743
3781(2)
스트레이트S
08(2) 스트레이트S
3072(3)
아웃트라인S
3072

109

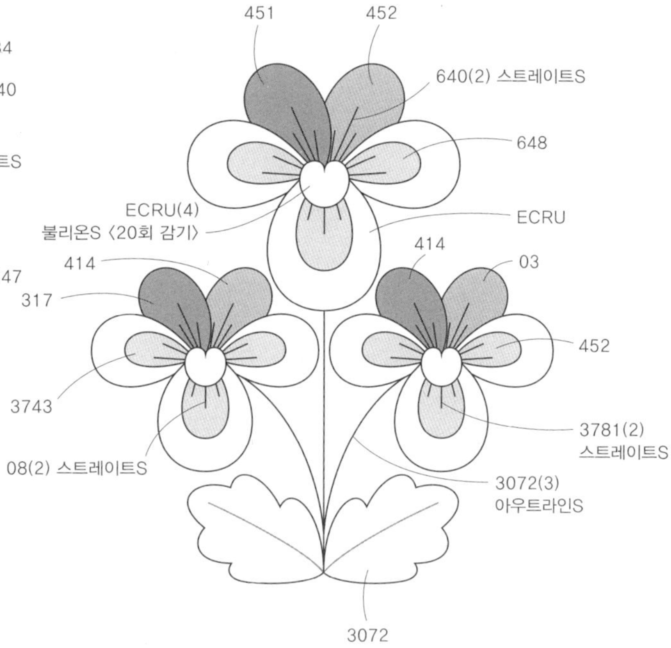

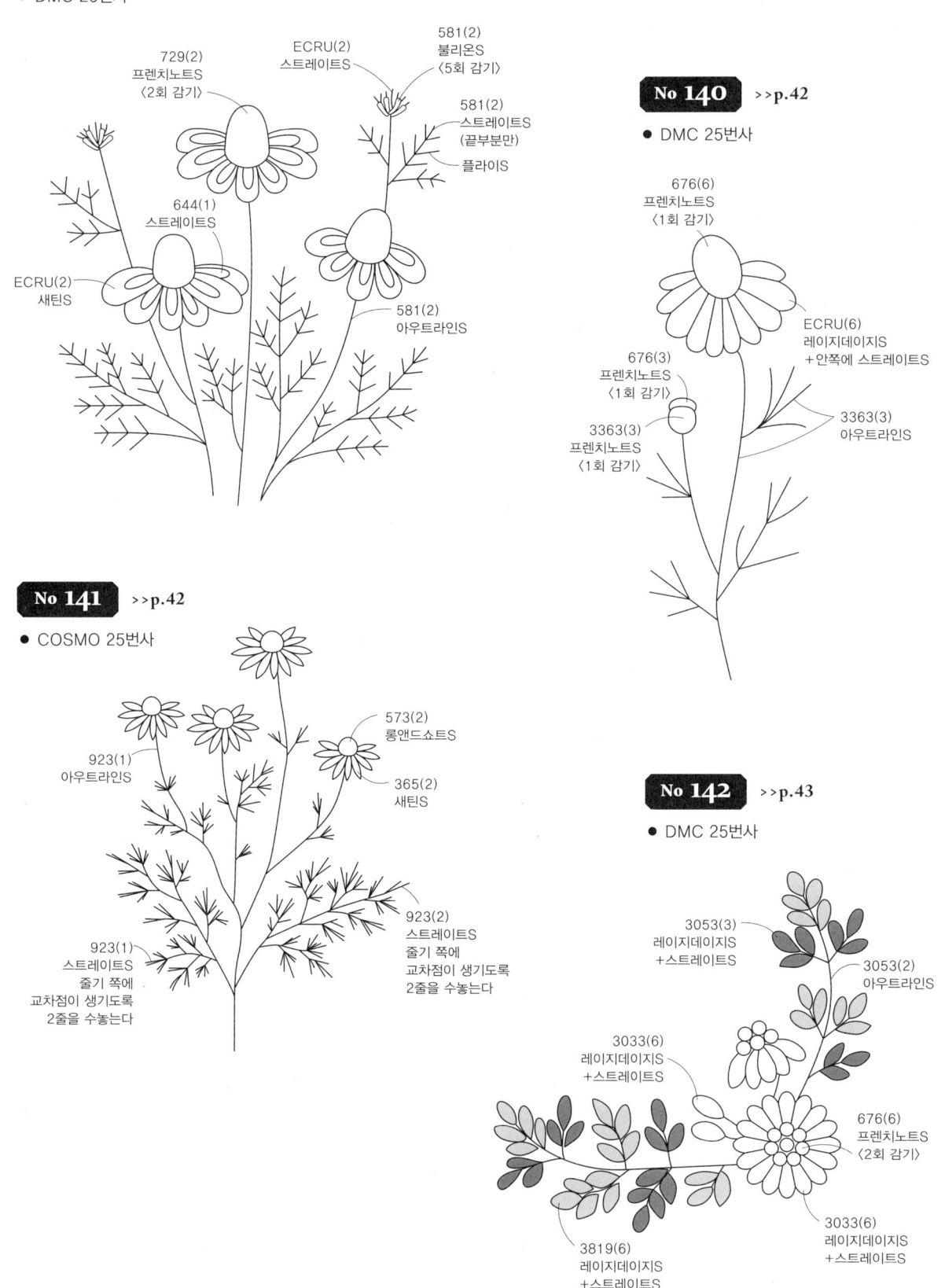

Chamomile [캐모마일]

No 143 >>p.43

- COSMO 25번사

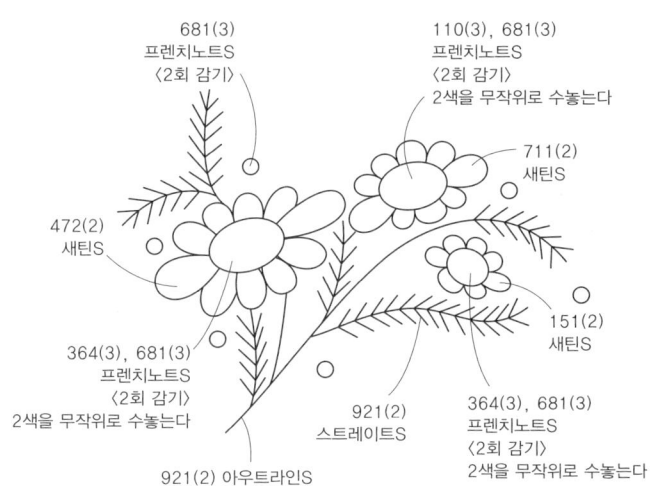

No 144 >>p.43

- DMC 태피스트리 울 / 전부 2가닥

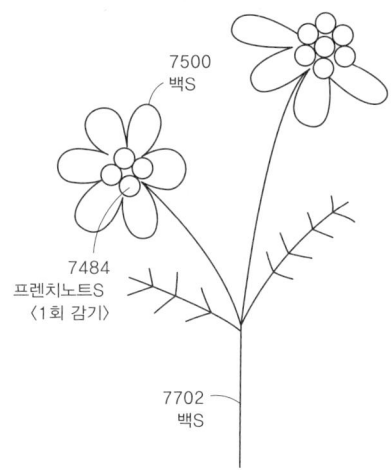

No 145 >>p.43

- DMC 25번사

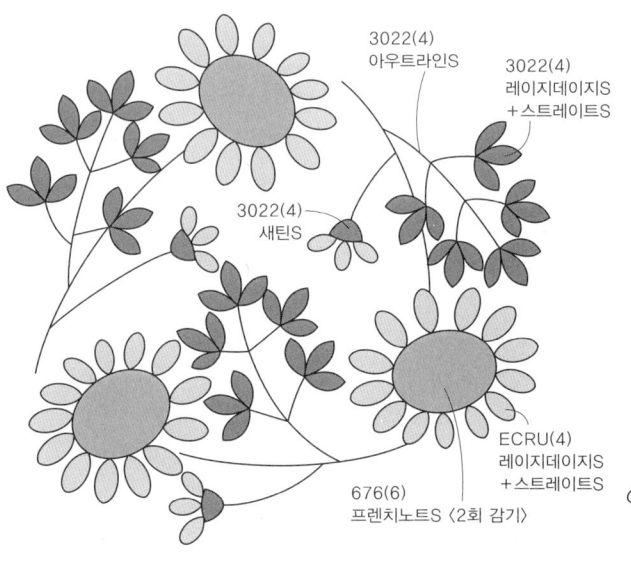

No 146 >>p.43

- DMC 25번사 / 전부 3가닥

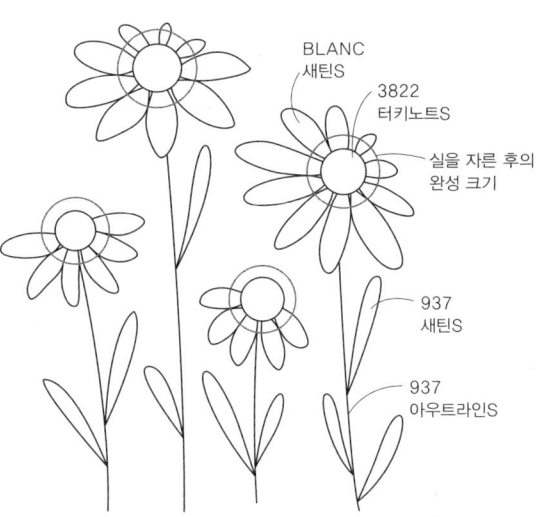

No 147 >>p.43

- DMC 25번사

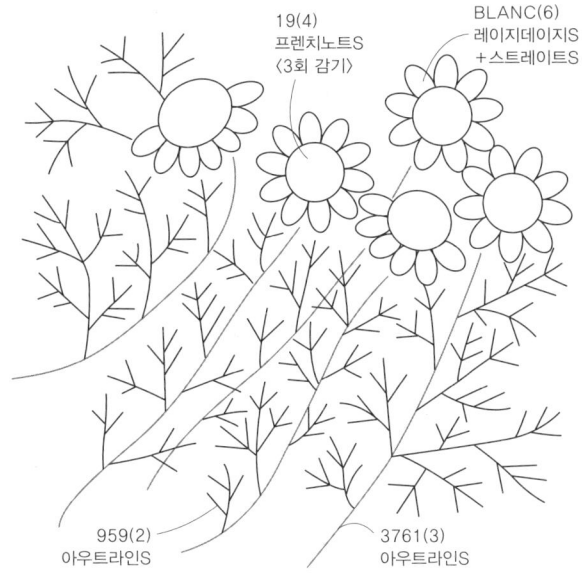

No 148 >>p.44

- DMC 25번사

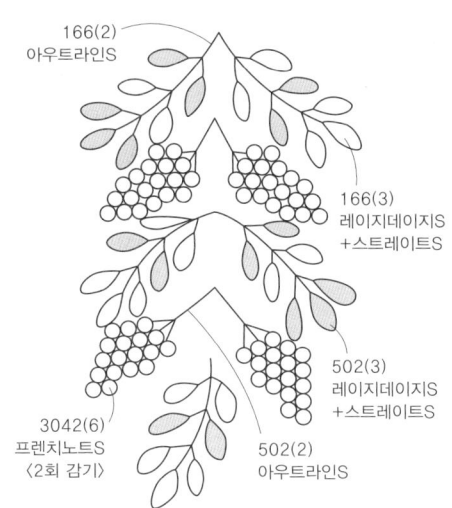

No 149 >>p.44

- DMC 25번사 / 전부 2가닥

No 150 >>p.44

- DMC 25번사 / 전부 2가닥

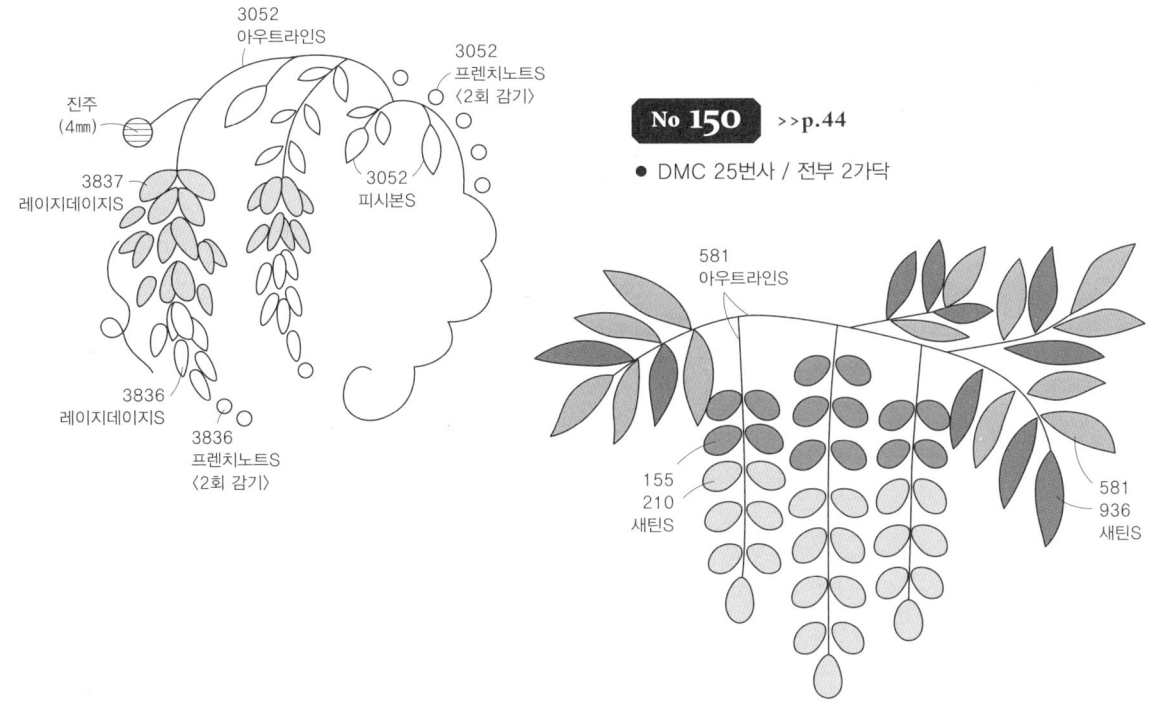

No 151 >>p.45

- COSMO 25번사

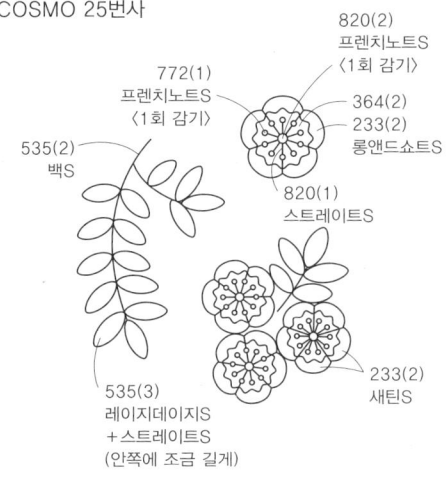

- 772(1) 프렌치노트S 〈1회 감기〉
- 535(2) 백S
- 820(2) 프렌치노트S 〈1회 감기〉
- 364(2) 233(2) 롱앤드쇼트S
- 820(1) 스트레이트S
- 233(2) 새틴S
- 535(3) 레이지데이지S + 스트레이트S (안쪽에 조금 길게)

No 152 >>p.45

- 지정한 부분 외에는 애플톤 크루엘 울 2가닥

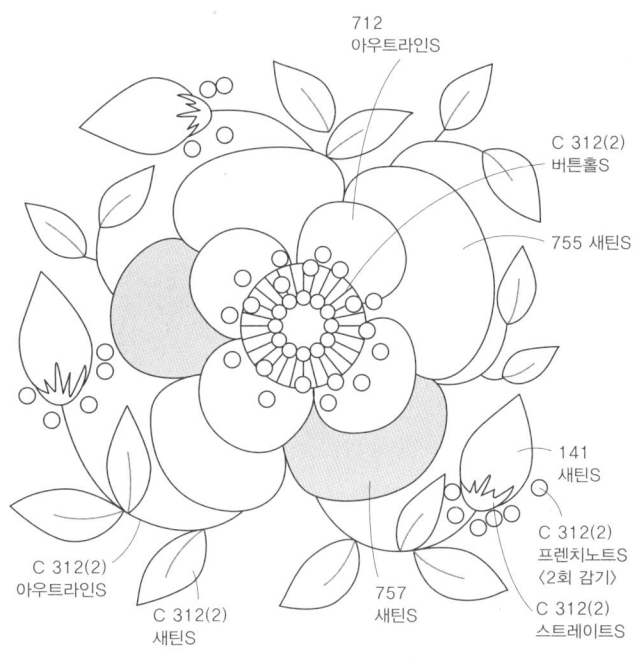

- 712 아우트라인S
- C 312(2) 버튼홀S
- 755 새틴S
- 141 새틴S
- C 312(2) 프렌치노트S 〈2회 감기〉
- C 312(2) 아우트라인S
- C 312(2) 새틴S
- 757 새틴S
- C 312(2) 스트레이트S

No 153 >>p.45

- DMC 25번사 / 지정한 부분 외에는 3가닥 체인S

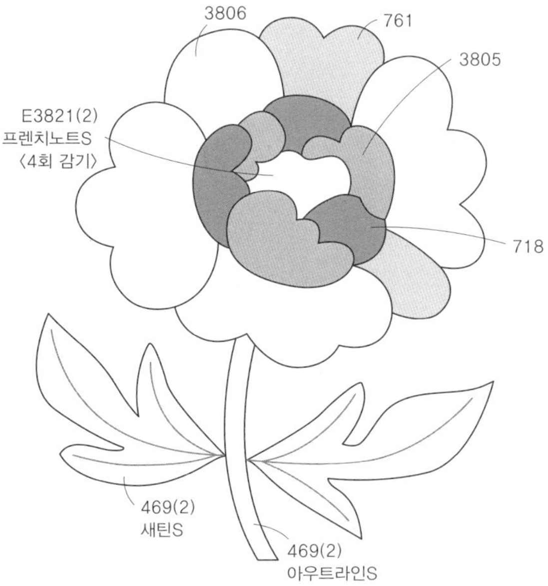

- 3806
- 761
- 3805
- E3821(2) 프렌치노트S 〈4회 감기〉
- 718
- 469(2) 새틴S
- 469(2) 아우트라인S

No 154 >>p.45

- DMC 25번사 / 전부 1가닥

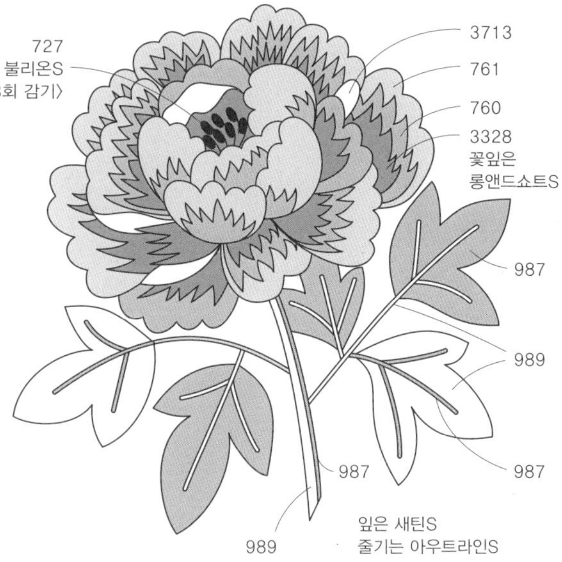

- 727 불리온S 〈8회 감기〉
- 3713
- 761
- 760
- 3328 꽃잎은 롱앤드쇼트S
- 987
- 989
- 987
- 989
- 잎은 새틴S 줄기는 아우트라인S

Chamomile [캐모마일] Wisteria [등꽃] Wild rose [찔레꽃] Peony [모란]

No 155 >>p.46

- COSMO 25번사

555(2)
프렌치노트S
〈1회 감기〉

890(2)
아우트라인S

283
525 173

꽃받침은 2가닥을 사용해서 중심 쪽으로 새틴S
1장당 1가닥으로 스트레이트S를 2~3줄 수놓는다
(283 또는 525)

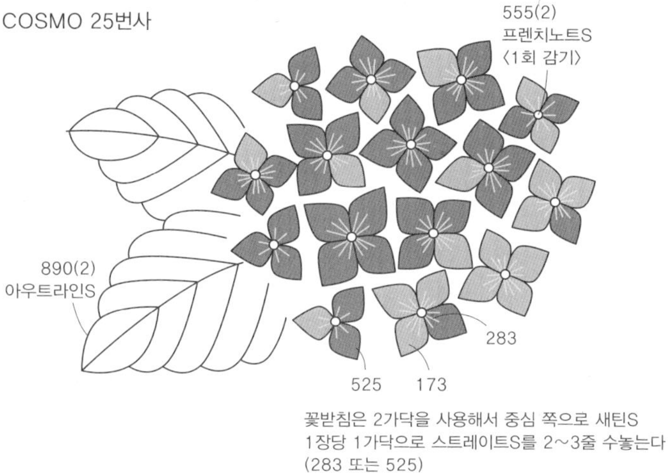

No 158 >>p.46

- COSMO 25번사

921(3)
프렌치노트S
〈1회 감기〉

364(1)
스트레이트S

980(3)
레이지데이지S
+스트레이트S
(안쪽에 조금 길게)

2981(1)
스트레이트S

317(3)
새틴S

732(3) 새틴S
겹쳐서 입체적으로 수놓는다

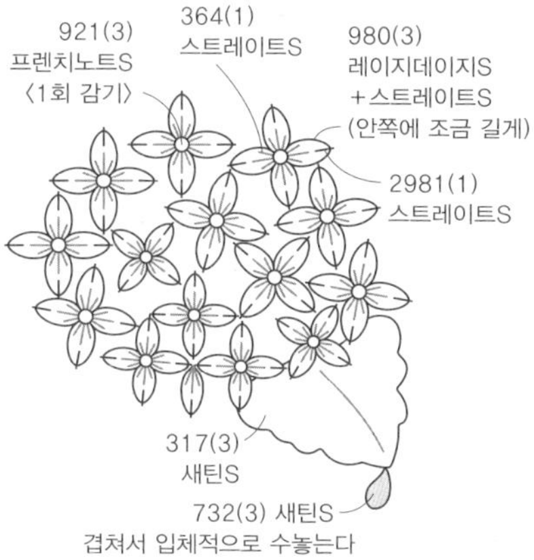

No 156 >>p.46

- DMC 25번사

ECRU(3)
새틴S

930(3)
프렌치노트S
〈3회 감기〉

930(3)
아우트라인S

930(3)
아우트라인S

930(3)
새틴S

930(1)
백S

341(2)
새틴S

ECRU(4)
프렌치노트S
〈3회 감기〉

(4) 프렌치노트S
〈3회 감기〉
중심에 32를 수놓고
그 부분을 에워싸듯이
341을 수놓는다

895(2)
새틴S

895(2)
아우트라인S

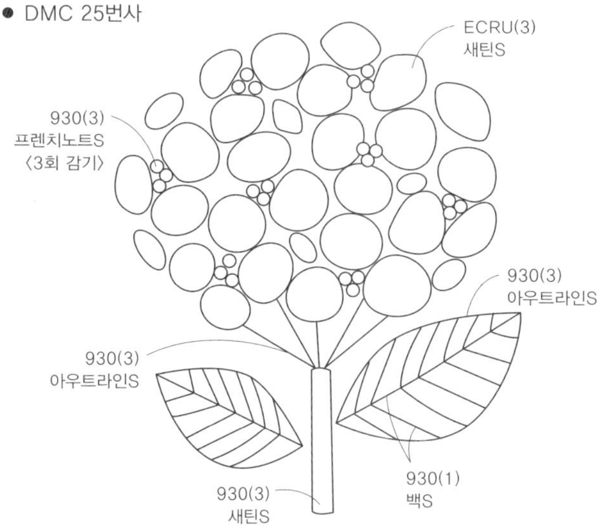

No 157 >>p.46

- DMC 25번사

224(6) 레이지데이지S
+스트레이트S

3023(4) 새틴S

225(6)
레이지데이지S
+스트레이트S

317(4)
프렌치노트S
〈2회 감기〉

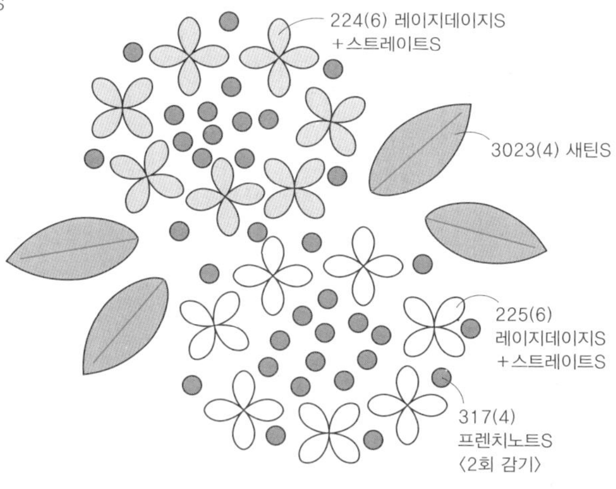

No 159 >>p.46

- DMC 25번사

114

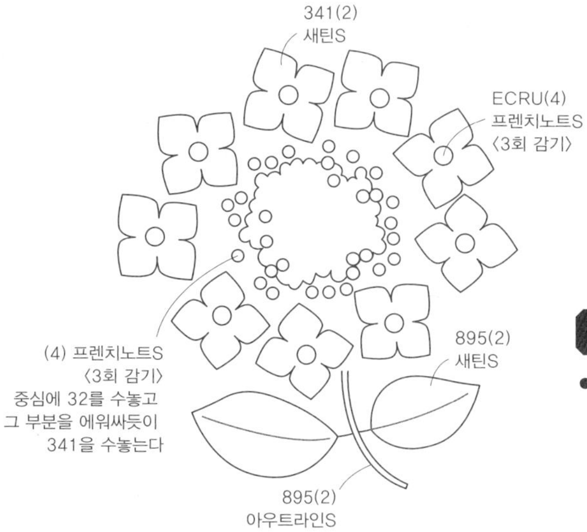

No 160 >>p.46

- DMC 25번사 / 지정한 부분 외에는 2가닥

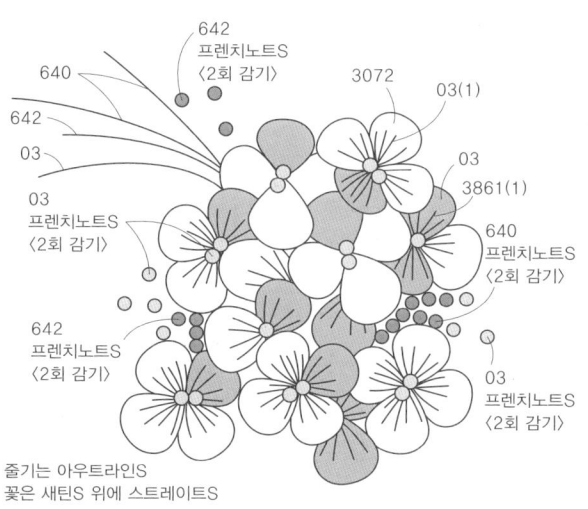

No 162 >>p.48

- DMC 태피스트리 울 / 전부 2가닥 백S

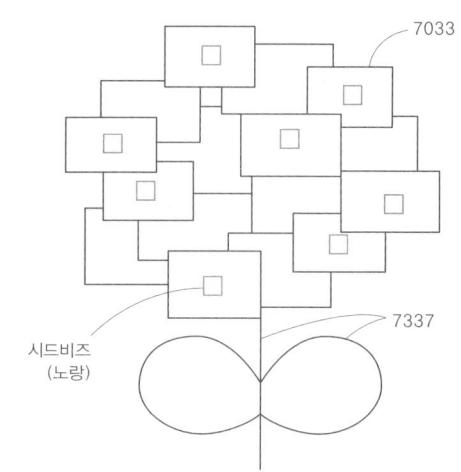

No 161 >>p.48

- 올림푸스 25번사 / 전부 850으로 2가닥

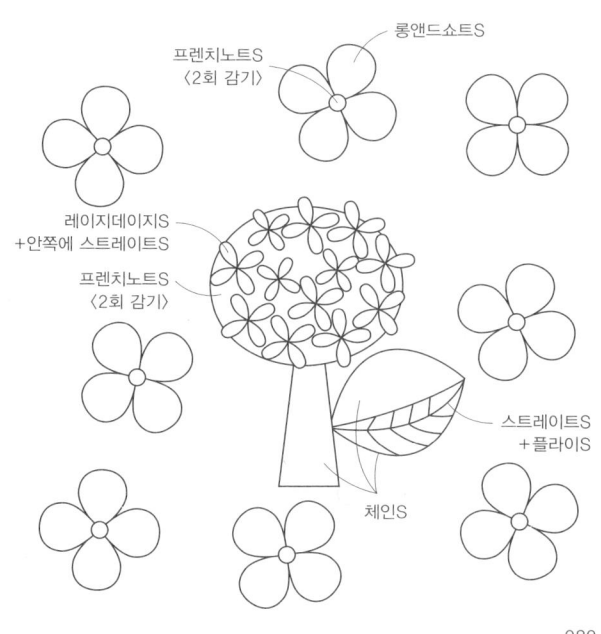

No 163 >>p.49

- DMC 25번사 / 전부 ECRU

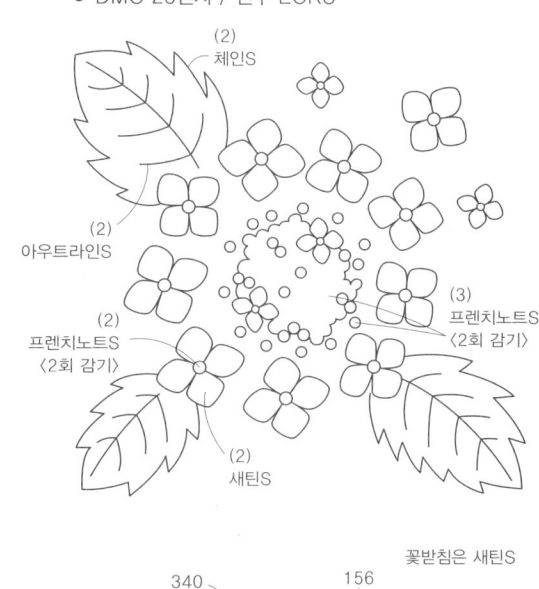

No 164 >>p.49

- DMC 25번사 / 전부 2가닥

Hydrangea [수국]

No 165 >>p.49

● DMC 25번사

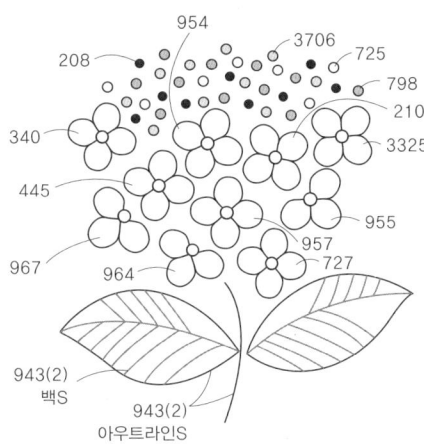

No 166 >>p.49

● DMC 25번사

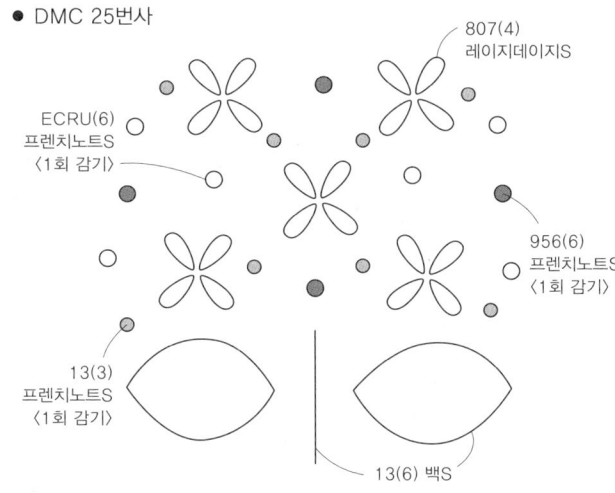

No 167 >>p.50

● 올림푸스 25번사 / 전부 3가닥

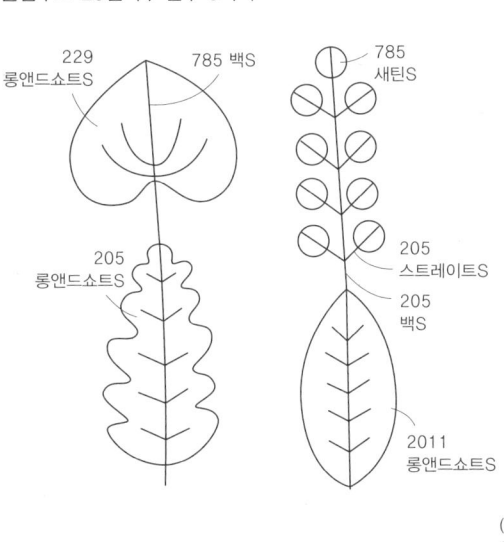

No 168 >>p.50

● 올림푸스 25번사 / 전부 3가닥

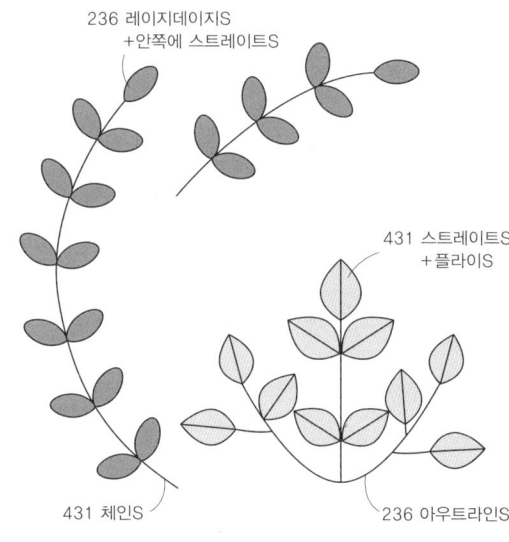

No 170 >>p.50

● DMC 25번사 / 전부 501

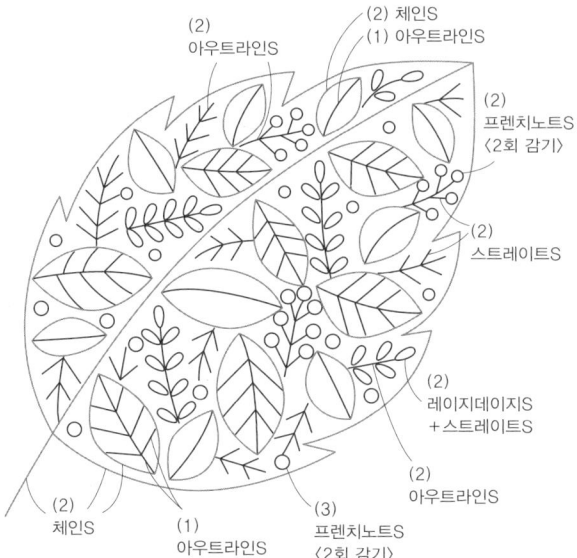

No 169 >>p.50

- DMC 25번사

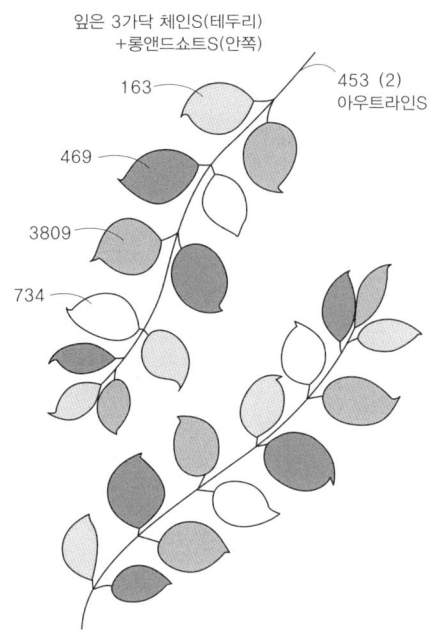

No 172 >>p.51

- DMC 25번사 / 전부 2가닥

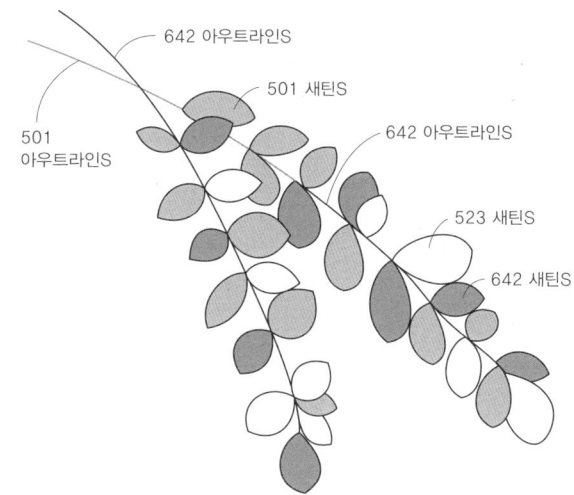

No 171 >>p.51

- DMC 태피스트리 울 / 전부 2가닥

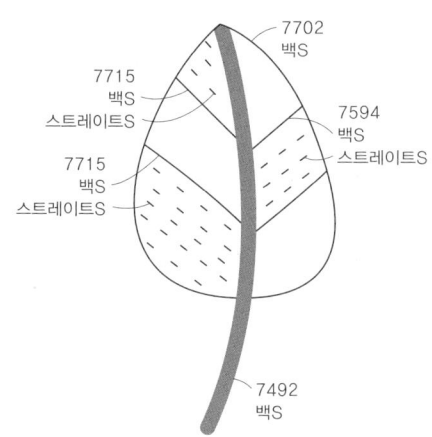

No 173 >>p.51

- COSMO 25번사

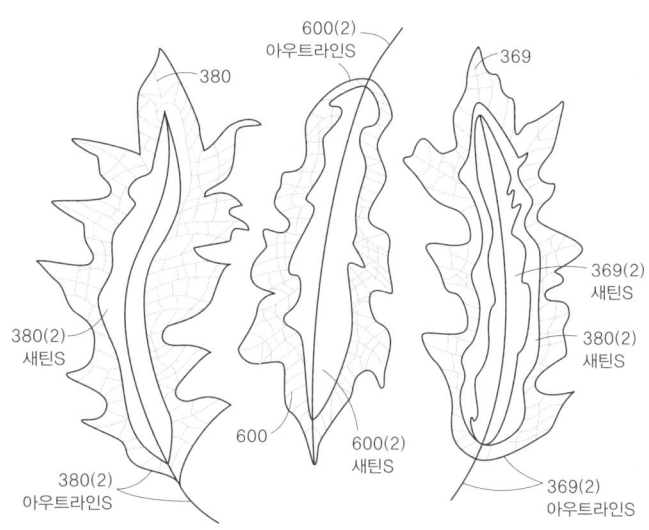

잎 안쪽(옅은 회색선)의 긴 부분은 1가닥 아우트라인S,
짧은 부분은 1가닥 스트레이트S로 균형을 확인하며 취향대로 메운다

No 174 >>p.52
- DMC 25번사

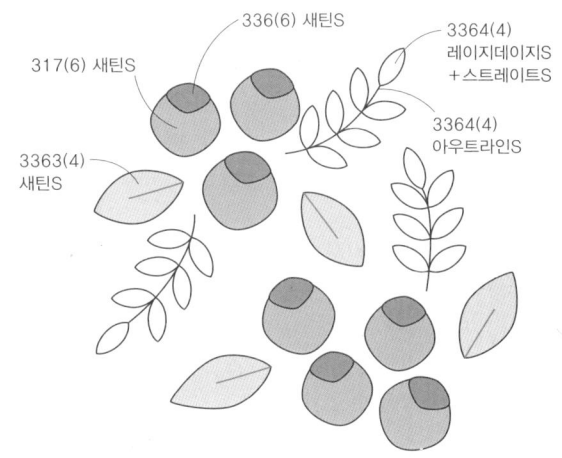

No 175 >>p.52
- DMC 25번사

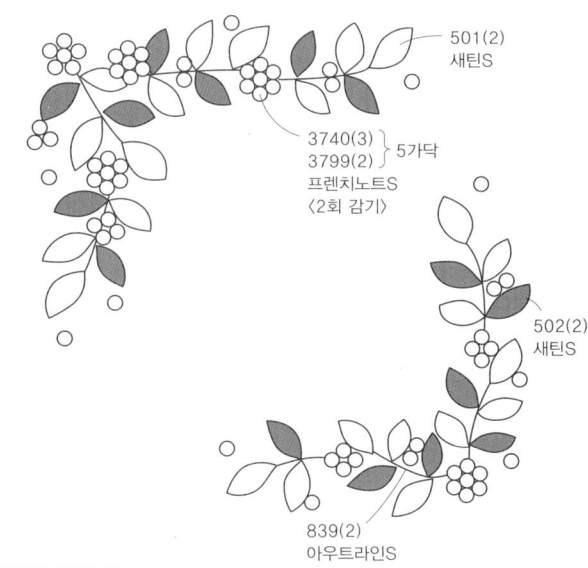

No 176 >>p.52
- DMC 25번사 / 전부 1가닥

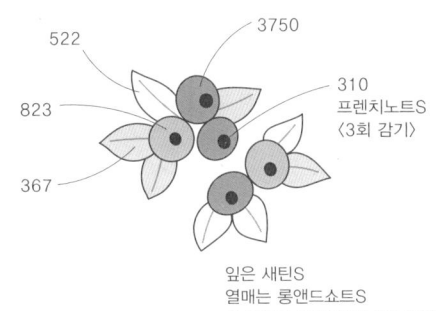

No 178 >>p.53
- 올림푸스 25번사 / 전부 3가닥

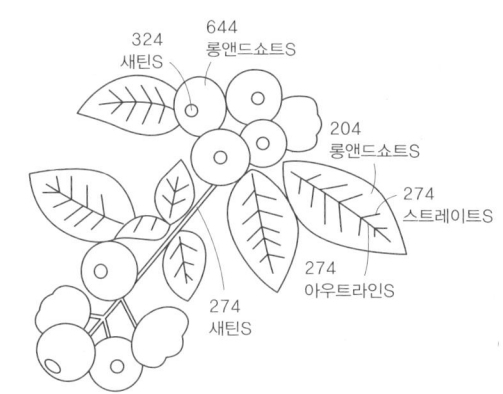

No 177 >>p.52
- DMC 25번사 / 전부 2가닥

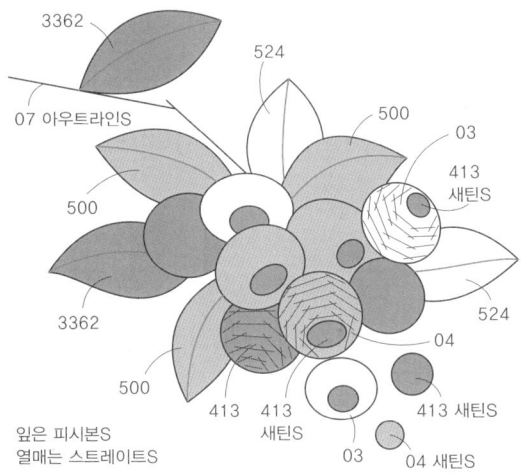

No 179 >>p.53
- DMC 25번사 / 전부 3가닥

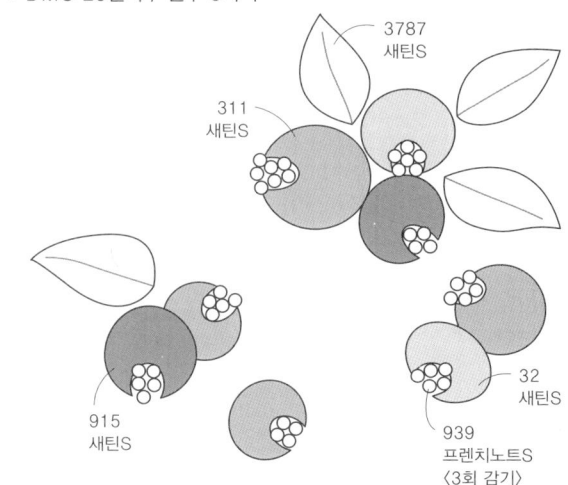

No 180 >>p.53

- COSMO 25번사 / 지정한 부분 외에는 2가닥 새틴S

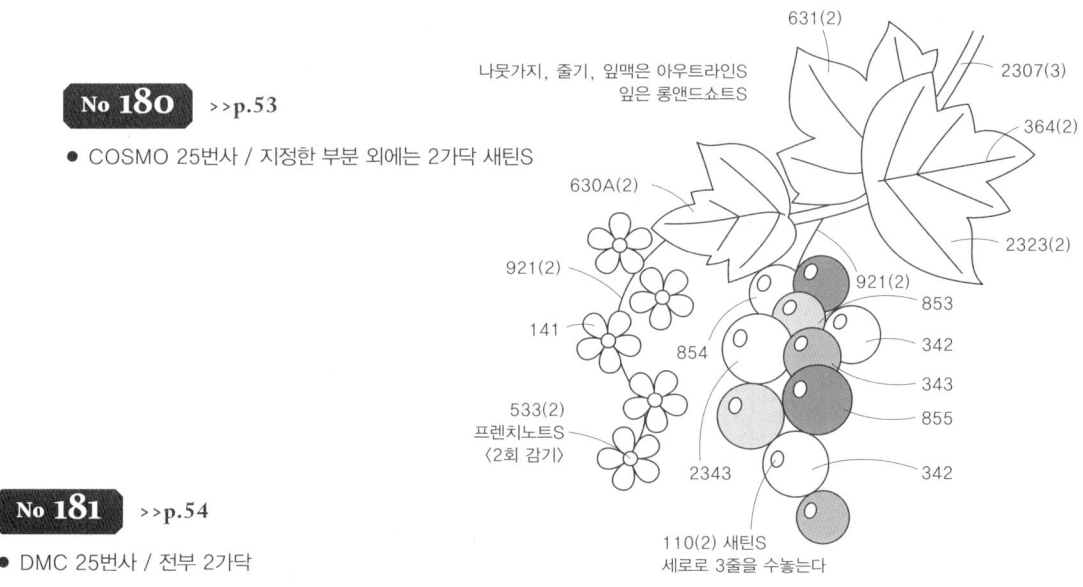

No 181 >>p.54

- DMC 25번사 / 전부 2가닥

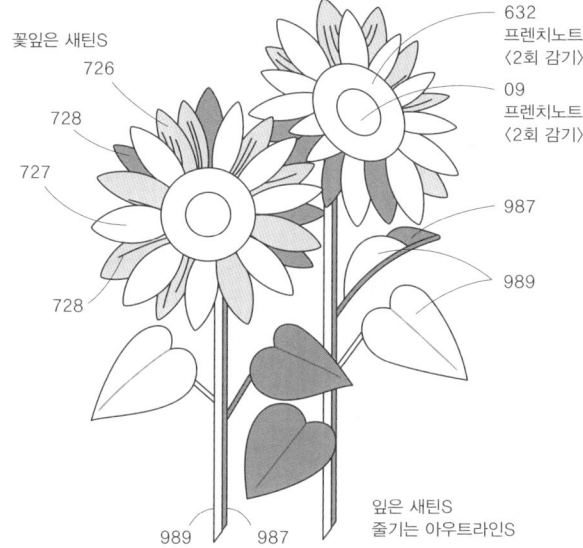

No 182 >>p.54

- COSMO 25번사 / 전부 2가닥

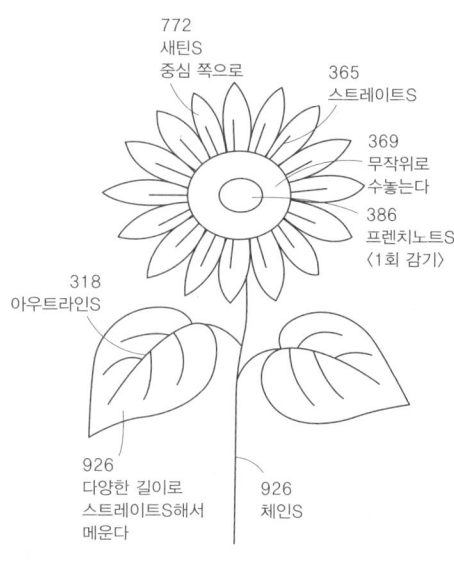

No 183 >>p.54

- DMC 25번사 / 전부 6가닥

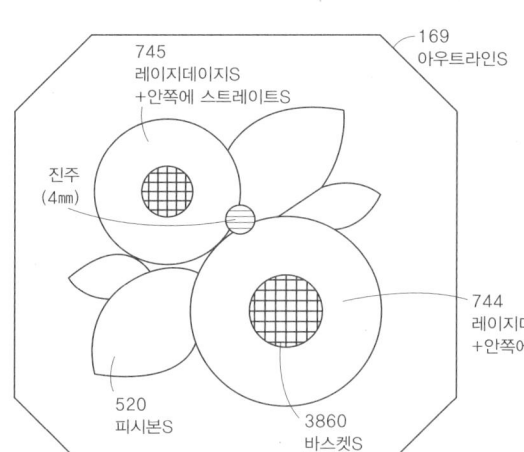

No 184 >>p.54

- DMC 25번사 / 전부 ECRU

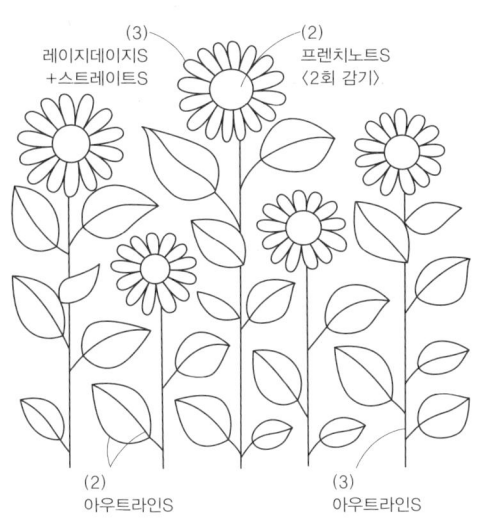

(3) 레이지데이지S +스트레이트S
(2) 프렌치노트S 〈2회 감기〉
(2) 아웃라인S
(3) 아웃라인S

No 185 >>p.54

- DMC 태피스트리 울 / 전부 2가닥

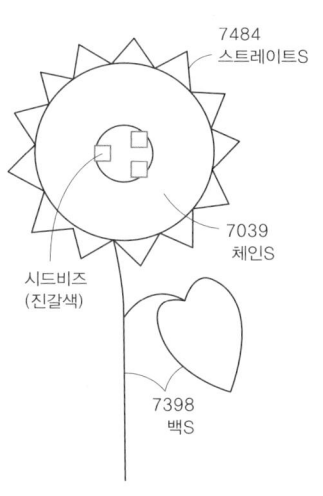

7484 스트레이트S
7039 체인S
시드비즈 (진갈색)
7398 백S

No 186 >>p.54

- 지정한 부분 외에는 COSMO 25번사 / 2가닥

꽃잎은 백S로 테두리를 수놓은 뒤 새틴S로 메운다

822
771
772
극소 비즈 (금갈색)
309, DMC 801 프렌치노트S 〈2회 감기〉 2색을 무작위로 수놓는다
DMC 25번 E3821(1), E3852(1) 스트레이트S 군데군데 건너뛰며 2색을 무작위로 수놓는다
705A 새틴S
309 새틴S
2924 새틴S
2924 백S
DMC 25번사 732 백S

No 187 >>p.55

- COSMO 25번사

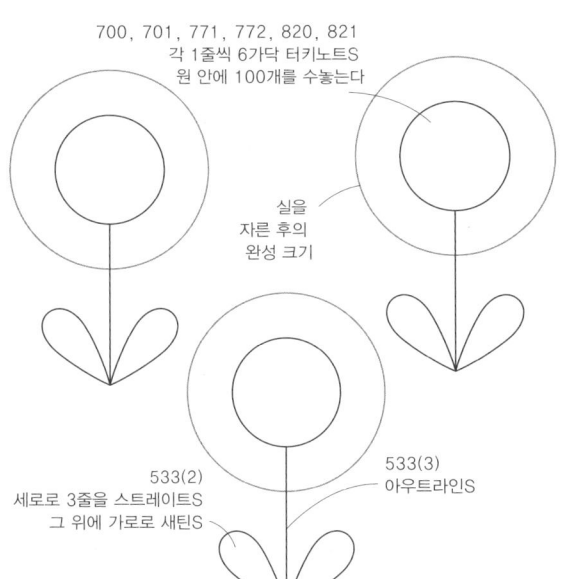

700, 701, 771, 772, 820, 821 각 1줄씩 6가닥 터키노트S 원 안에 100개를 수놓는다
실을 자른 후의 완성 크기
533(2) 세로로 3줄을 스트레이트S 그 위에 가로로 새틴S
533(3) 아웃라인S

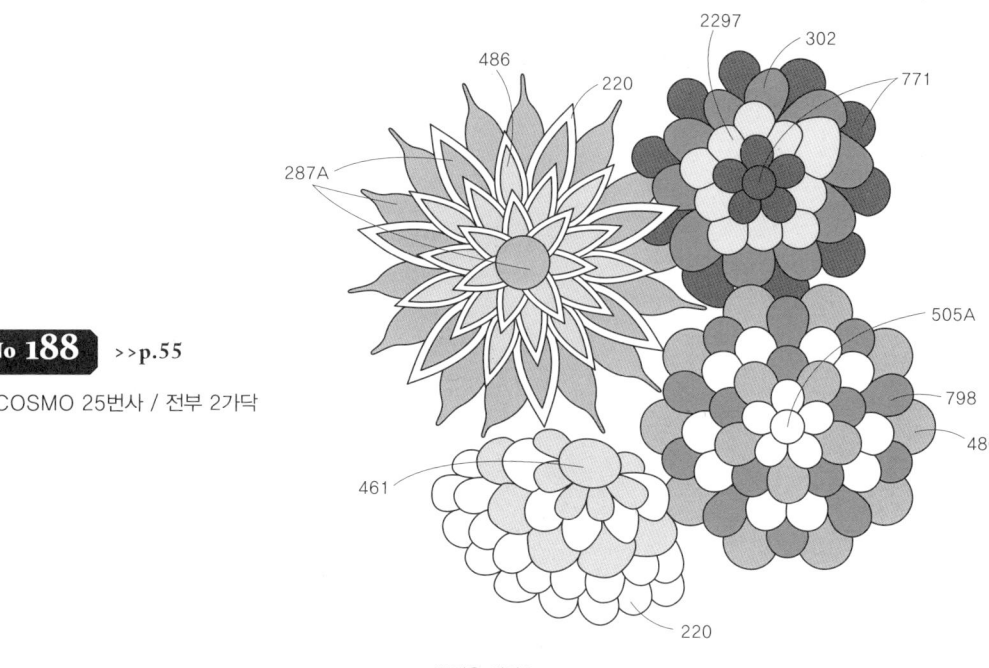

Sunflower [해바라기]　Craspedia [크라스페디아]　Dahlia [달리아]　Clematis [클레마티스]

No 188　>>p.55

- COSMO 25번사 / 전부 2가닥

꽃잎은 새틴S
화심은 프렌치노트S로 2회 감기와 3회 감기를 섞는다

No 189　>>p.55

- DMC 25번사 / 지정한 부분 외에는 아우트라인S

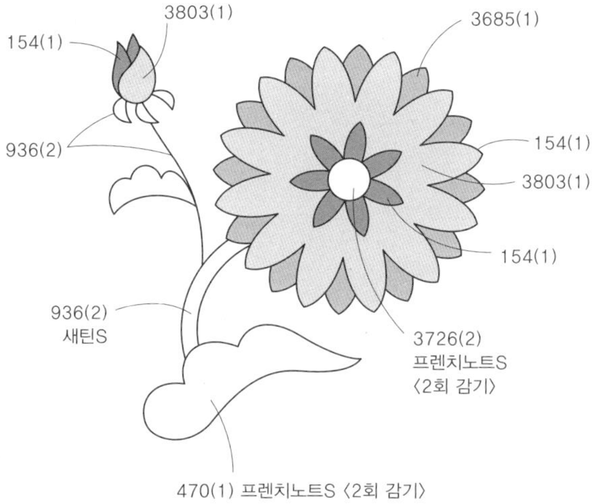

No 190　>>p.56

- DMC 25번사 / 전부 1가닥

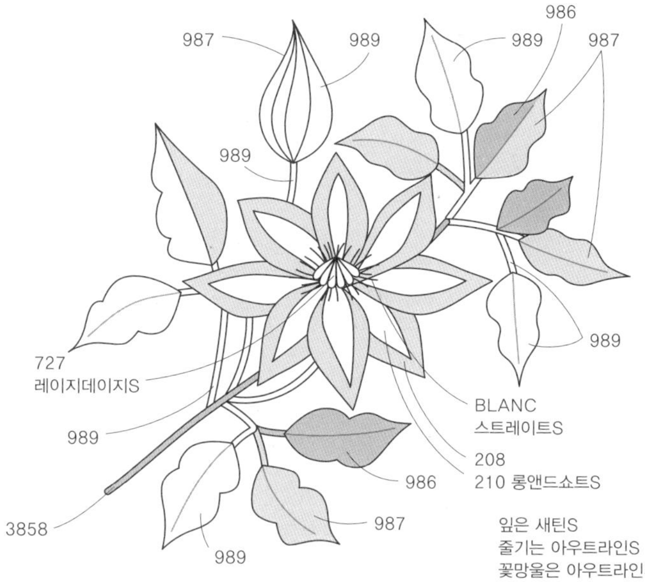

잎은 새틴S
줄기는 아우트라인S
꽃망울은 아우트라인S

No 191 >>p.56

● DMC 25번사

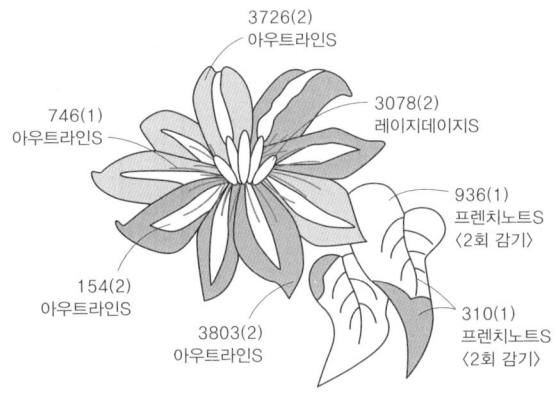

- 746(1) 아우트라인S
- 3726(2) 아우트라인S
- 3078(2) 레이지데이지S
- 936(1) 프렌치노트S 〈2회 감기〉
- 154(2) 아우트라인S
- 3803(2) 아우트라인S
- 310(1) 프렌치노트S 〈2회 감기〉

No 192 >>p.56

● DMC 25번사

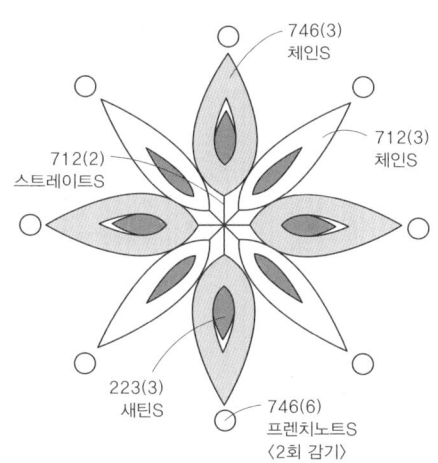

- 746(3) 체인S
- 712(3) 체인S
- 712(2) 스트레이트S
- 223(3) 새틴S
- 746(6) 프렌치노트S 〈2회 감기〉

No 193 >>p.56

● DMC 25번사

- 470(2) 아우트라인S
- 792(2) 새틴S
- 743(3) 프렌치노트S 〈3회 감기〉
- 157(2) 스트레이트S
- 3348(3) 레이지데이지S

No 194 >>p.56

● DMC 25번사 / 전부 ECRU

- (2) 체인S
- (1) 아우트라인S
- (2) 체인S

122

No 195 >>p.57

- DMC 25번사

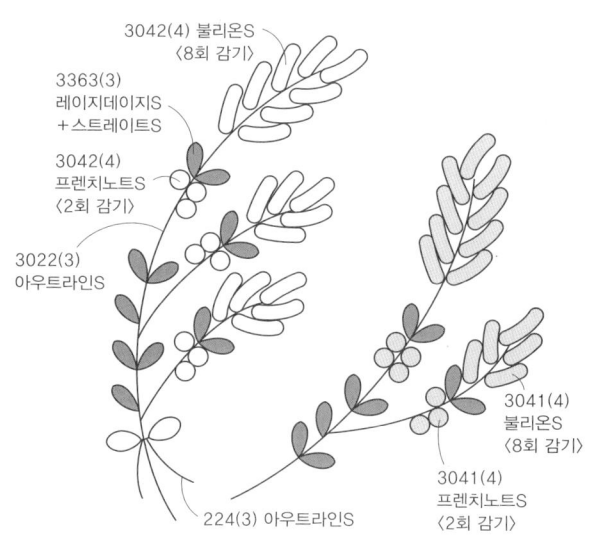

No 196 >>p.57

- DMC 태피스트리 울 / 전부 2가닥

No 197 >>p.57

- DMC 25번사

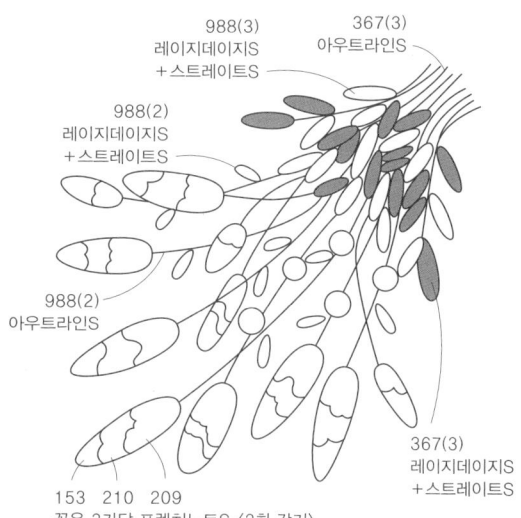

No 198 >>p.57

- 지정한 부분 외에는 DMC 25번사

No 199 >>p.57

- DMC 25번사

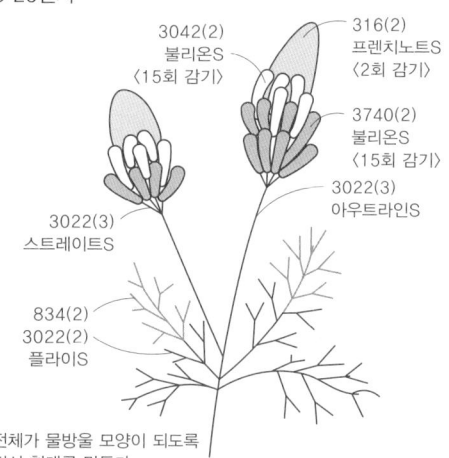

Clematis [클레마티스] Lavender [라벤더]

No 200 >>p.58
- COSMO 25번사 / 전부 3가닥

2111
새틴S

364
백S

364
프렌치노트S
〈3회 감기〉

2154
아우트라인S

2154
새틴S

No 201 >>p.58
- DMC 25번사

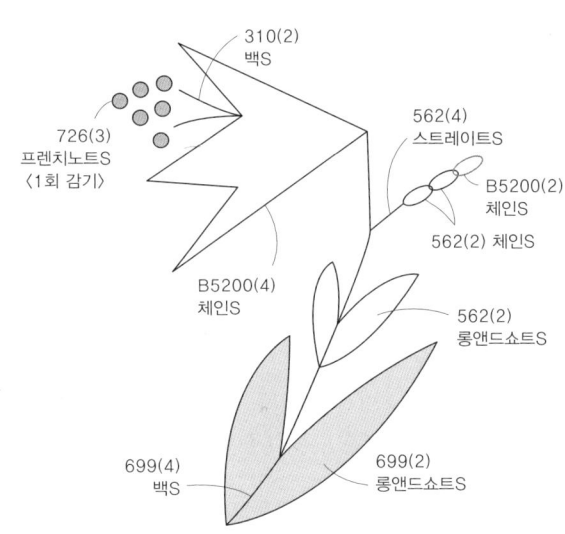

310(2)
백S

726(3)
프렌치노트S
〈1회 감기〉

562(4)
스트레이트S

B5200(2)
체인S

562(2) 체인S

B5200(4)
체인S

562(2)
롱앤드쇼트S

699(4)
백S

699(2)
롱앤드쇼트S

No 202 >>p.58
- DMC 25번사

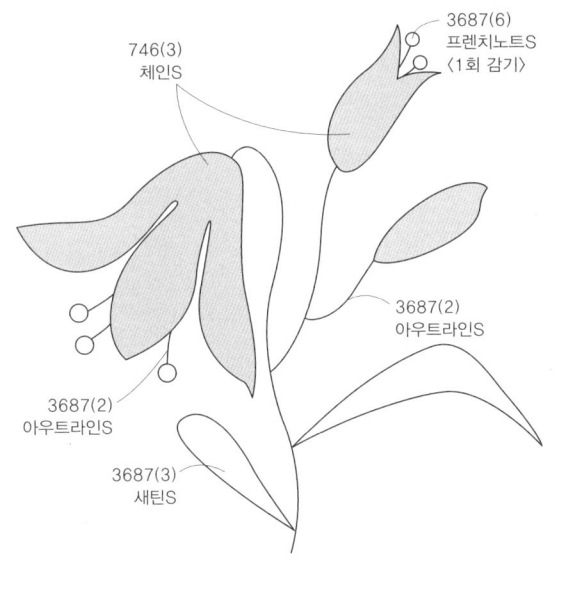

746(3)
체인S

3687(6)
프렌치노트S
〈1회 감기〉

3687(2)
아우트라인S

3687(2)
아우트라인S

3687(3)
새틴S

No 203 >>p.58
- DMC 25번사 / 전부 2가닥

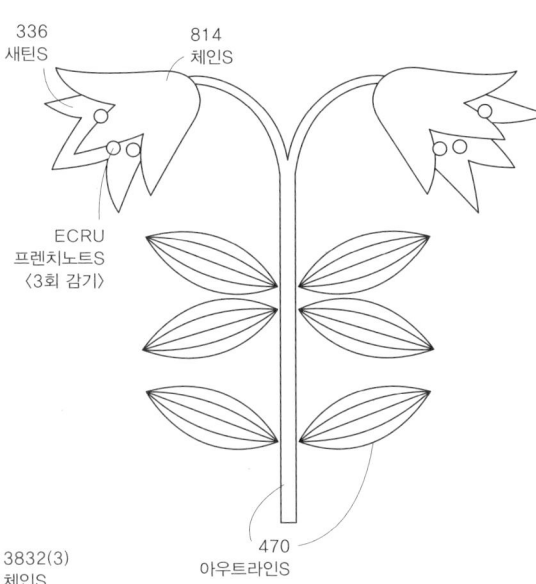

336
새틴S

814
체인S

ECRU
프렌치노트S
〈3회 감기〉

470
아우트라인S

No 207 >>p.59
- DMC 25번사

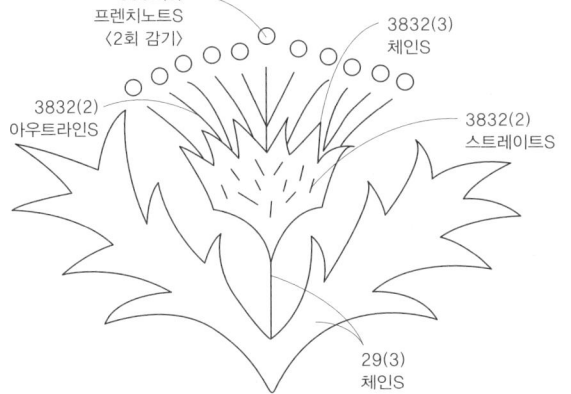

3832(6)
프렌치노트S
〈2회 감기〉

3832(3)
체인S

3832(2)
아우트라인S

3832(2)
스트레이트S

29(3)
체인S

No 204 >>p.59

- DMC 25번사

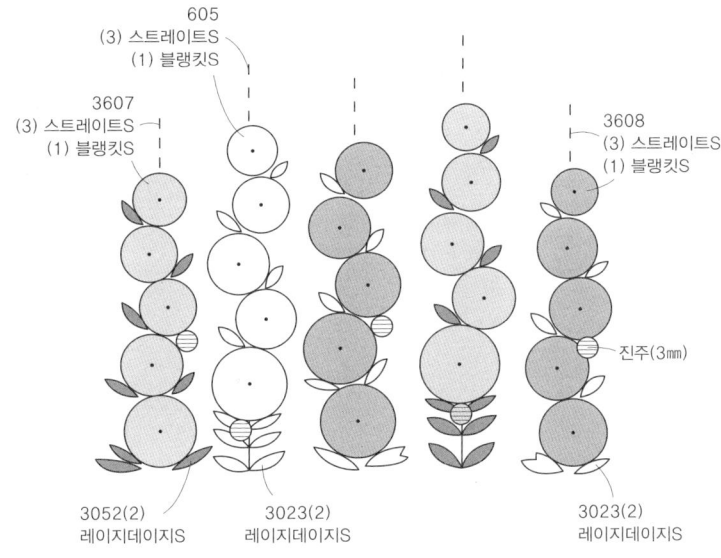

No 205 >>p.59

- DMC 25번사 / 지정한 부분 외에는 2가닥

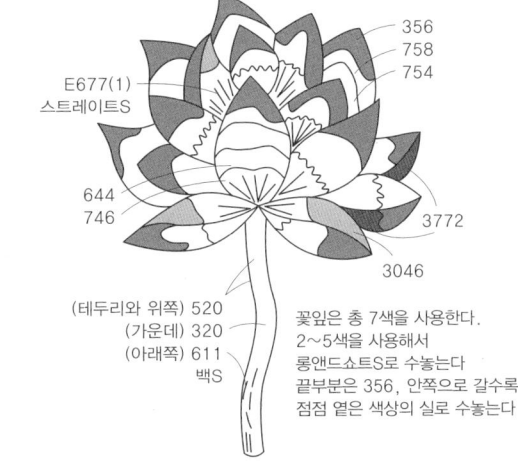

No 206 >>p.59

- DMC 25번사 / 지정한 부분 외에는 2가닥

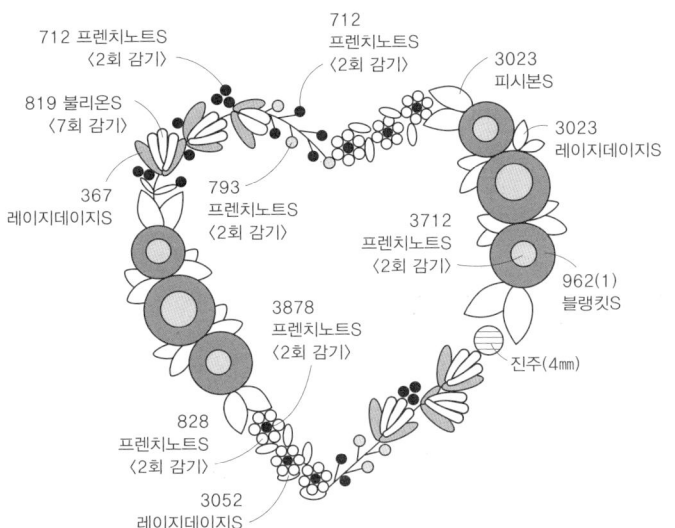

No 208 >>p.60

● COMSMO 25번사 / 전부 2가닥

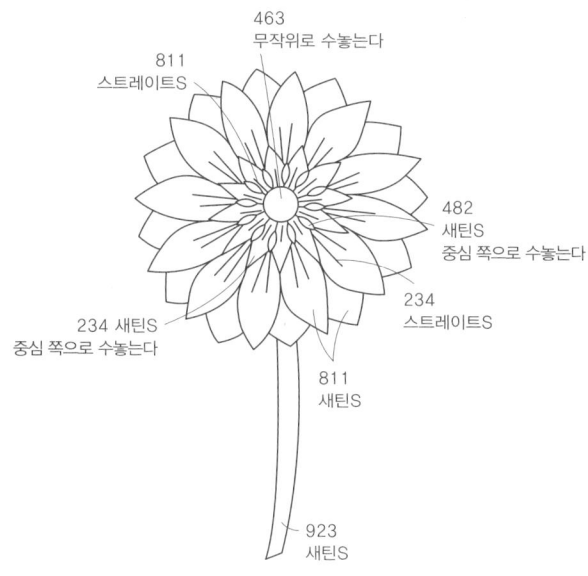

No 209 >>p.60

● DMC 25번사 / 전부 3가닥

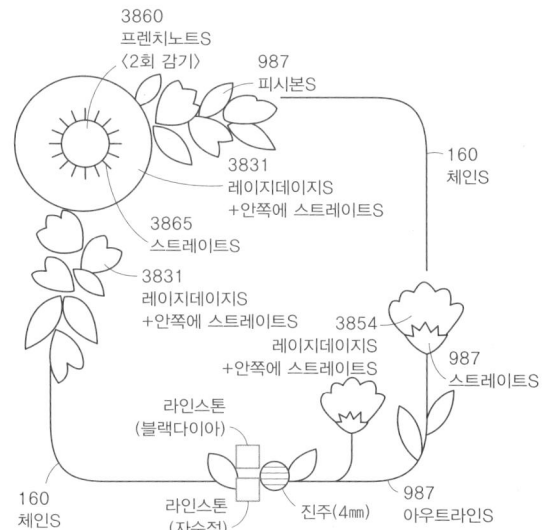

No 210 >>p.60

● DMC 25번사 / 지정한 부분 외에는 2가닥 새틴S

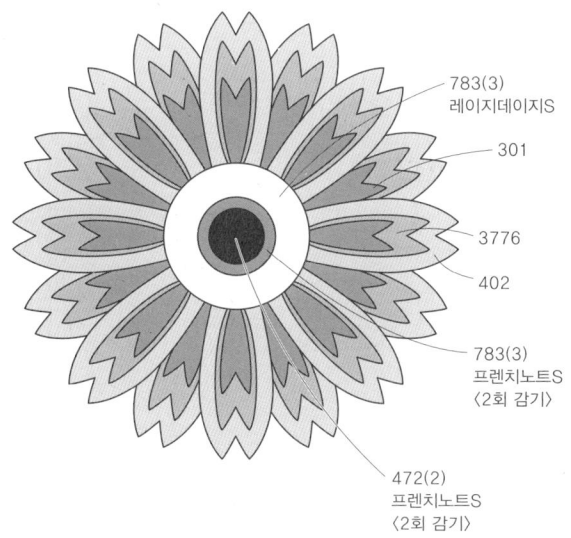

No 211 >>p.60

● 지정한 부분 외에는 COSMO 25번사 / 2가닥

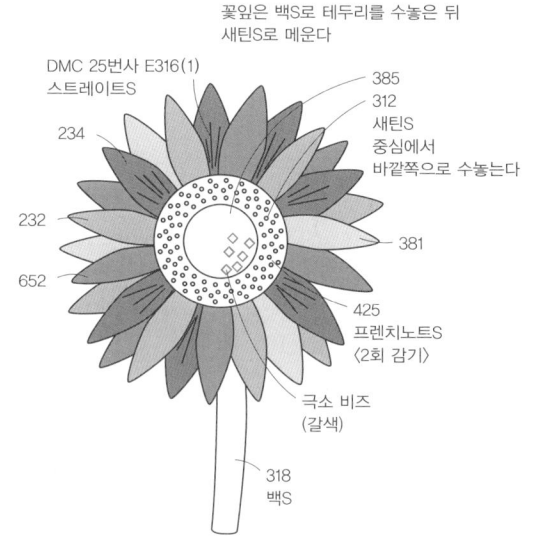

No 212 >>p.61

● 올림푸스 25번사 / 전부 1가닥

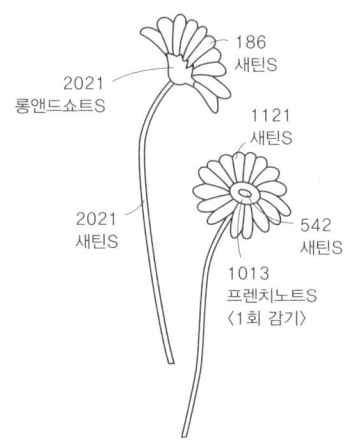

2021 롱앤드쇼트S
186 새틴S
1121 새틴S
2021 새틴S
542 새틴S
1013 프렌치노트S 〈1회 감기〉

No 213 >>p.61

● DMC 25번사

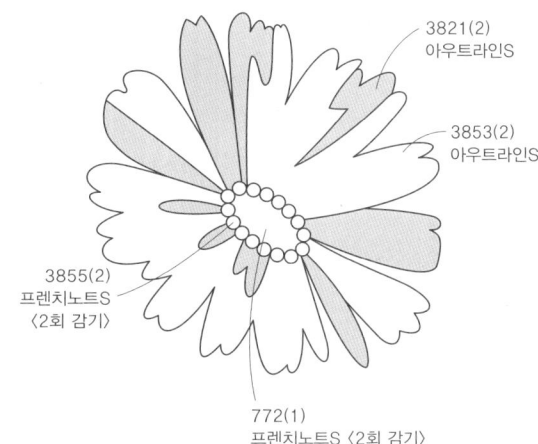

3821(2) 아우트라인S
3853(2) 아우트라인S
3855(2) 프렌치노트S 〈2회 감기〉
772(1) 프렌치노트S 〈2회 감기〉

No 214 >>p.61

● DMC 25번사

760(6) 레이지데이지S +스트레이트S
760(3) 체인S
760(6) 프렌치노트S 〈2회 감기〉
501(2) 아우트라인S
501(3) 체인S

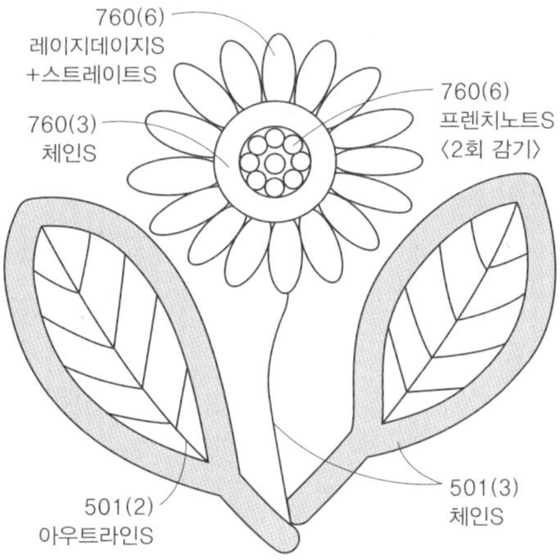

No 215 >>p.61

● COSMO 25번사 / 전부 2가닥

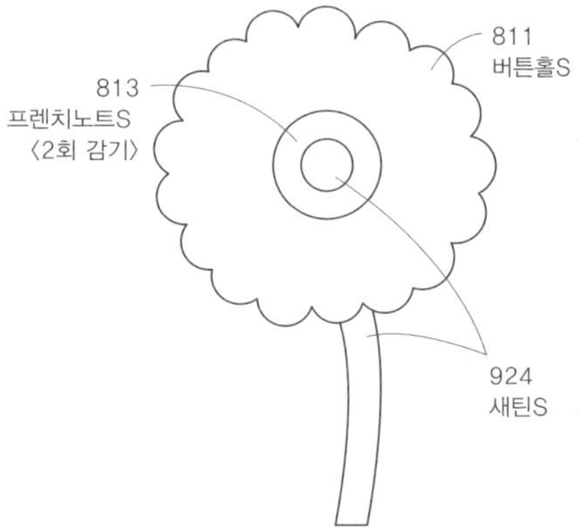

811 버튼홀S
813 프렌치노트S 〈2회 감기〉
924 새틴S

No 216 >>p.62

● DMC 25번사

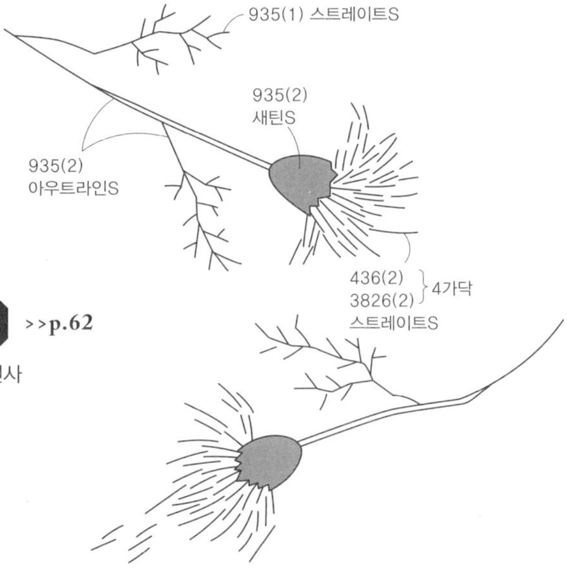

935(1) 스트레이트S
935(2) 새틴S
935(2) 아우트라인S
436(2)
3826(2) 4가닥
스트레이트S

Gerbera [거베라] Marigold [마리골드]

No 217 >>p.62

- DMC 태피스트리 울 / 전부 2가닥

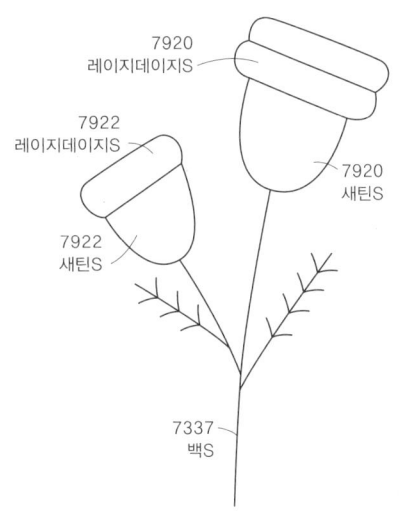

No 218 >>p.62

- DMC 25번사

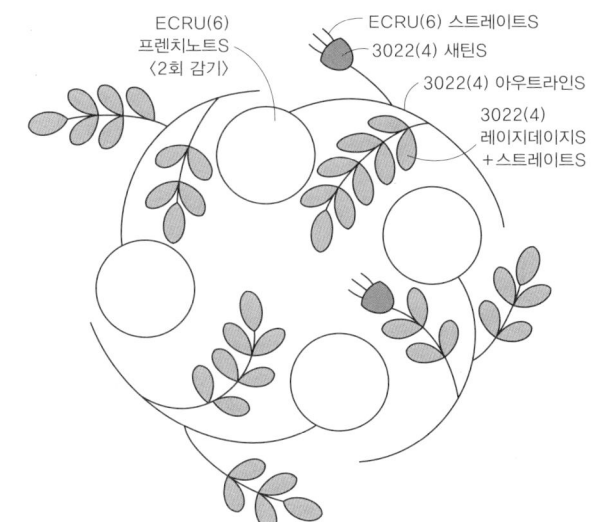

No 219 >>p.62

- DMC 25번사 / 전부 3가닥

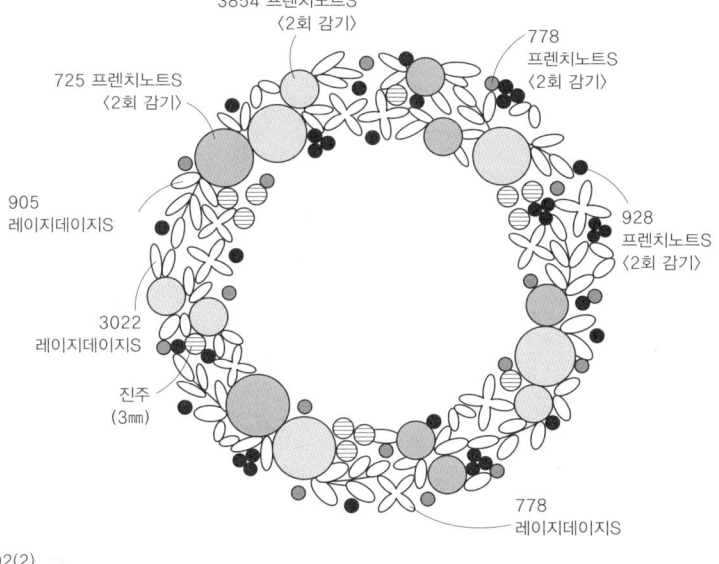

No 220 >>p.63

- DMC 25번사

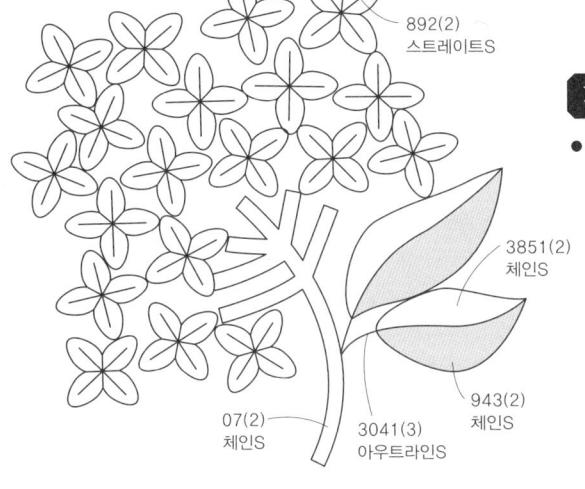

No 221 >>p.63
- DMC 태피스트리 울 / 전부 2가닥

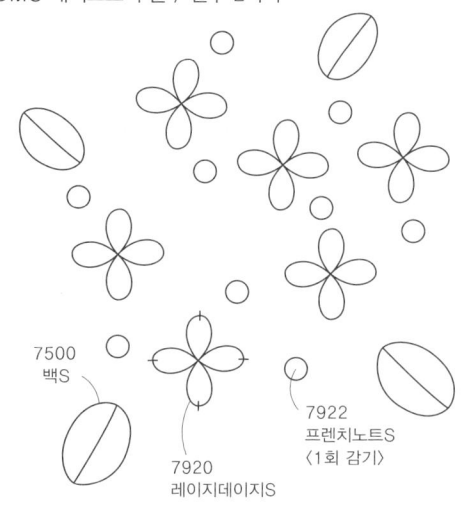

No 222 >>p.63
- COSMO 25번사 / 전부 2가닥

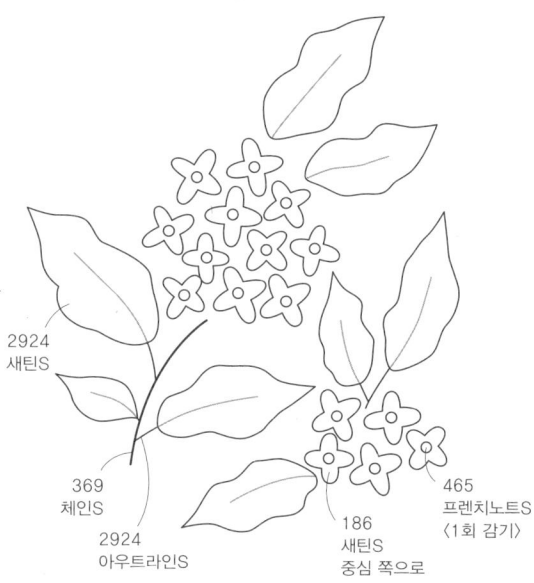

No 223 >>p.63
- DMC 25번사

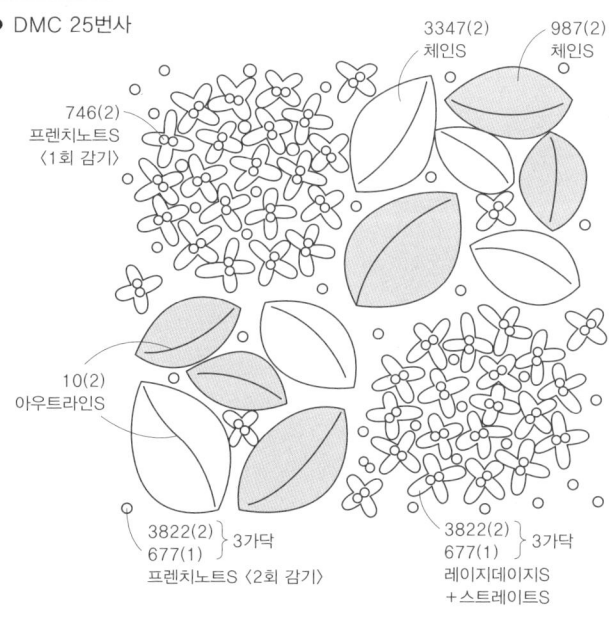

No 225 >>p.64
- DMC 25번사 / 전부 2가닥

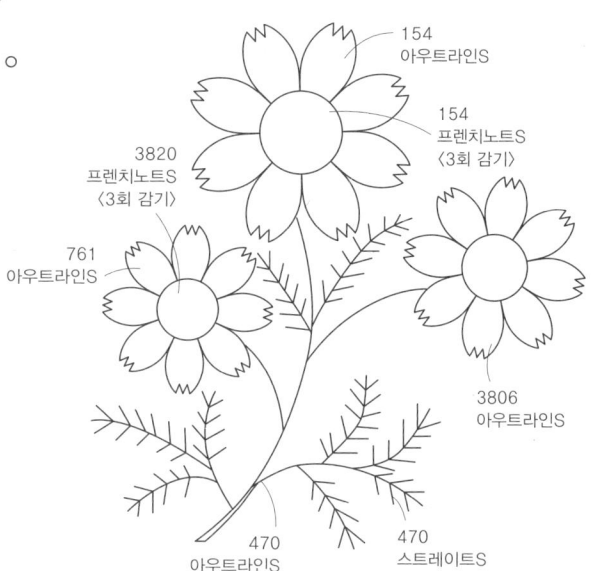

No 224 >>p.63
- 올림푸스 25번사 / 지정한 부분 외에는 3가닥 새틴S

No 226 >>p.64

● 지정한 부분 외에는 DMC 25번사

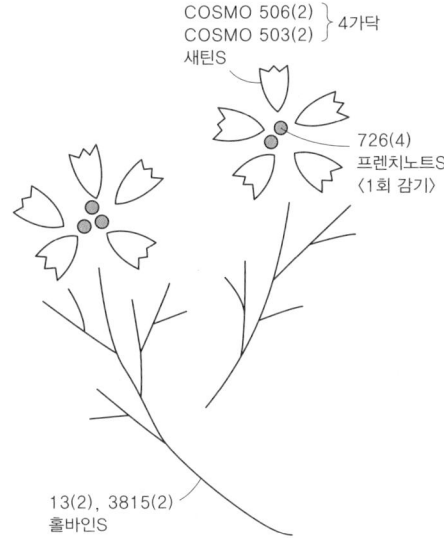

No 228 >>p.64

● COSMO 25번사

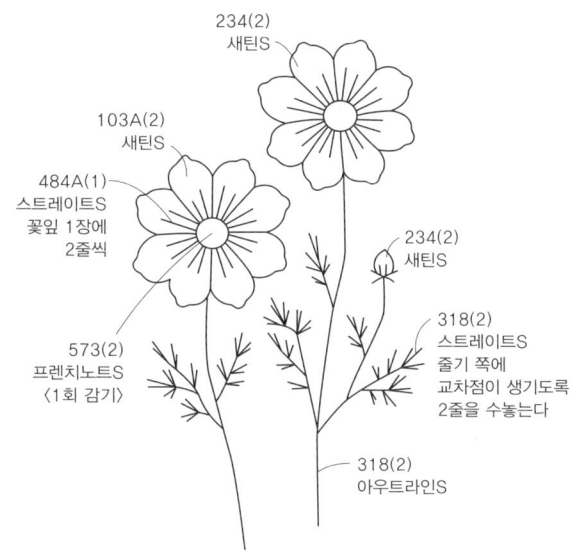

No 227 >>p.64

● DMC 태피스트리 울 / 전부 2가닥

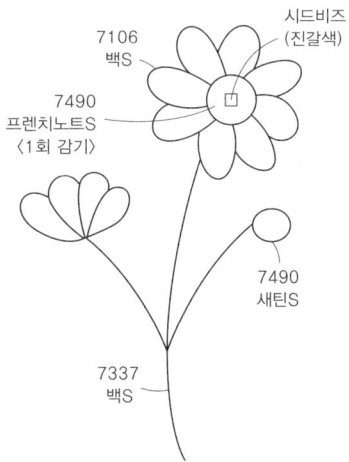

No 229 >>p.64

● DMC 25번사

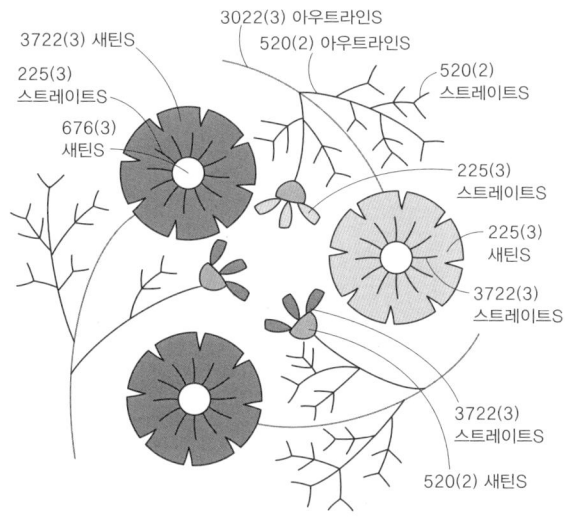

No 231 >>p.65

● COSMO 25번사

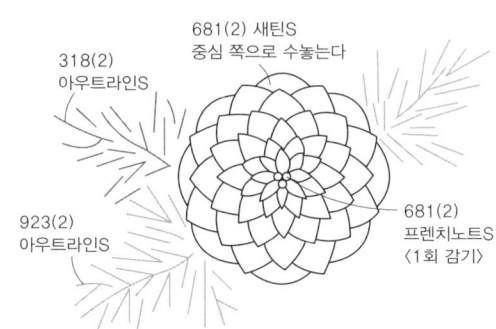

No 230 >>p.65

● DMC 25번사

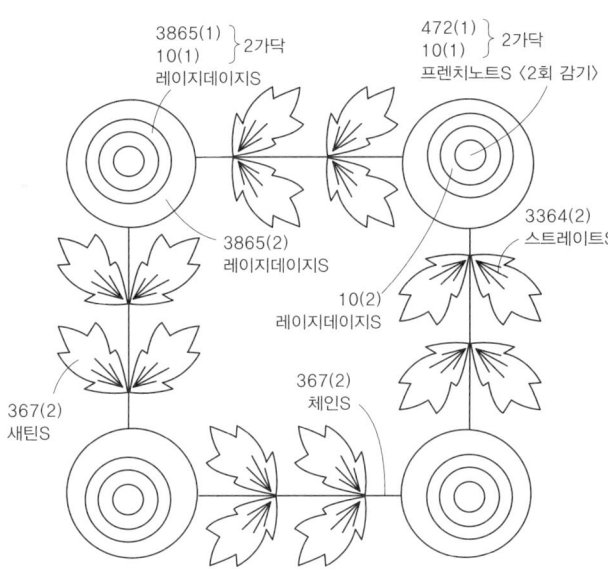

No 232 >>p.65

● DMC 25번사

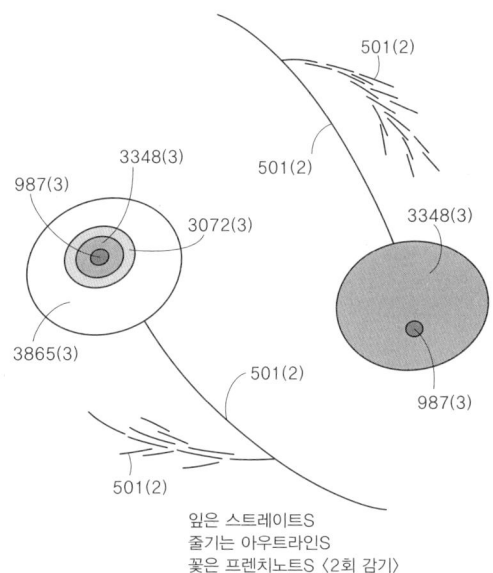

No 233 >>p.66

● DMC 25번사

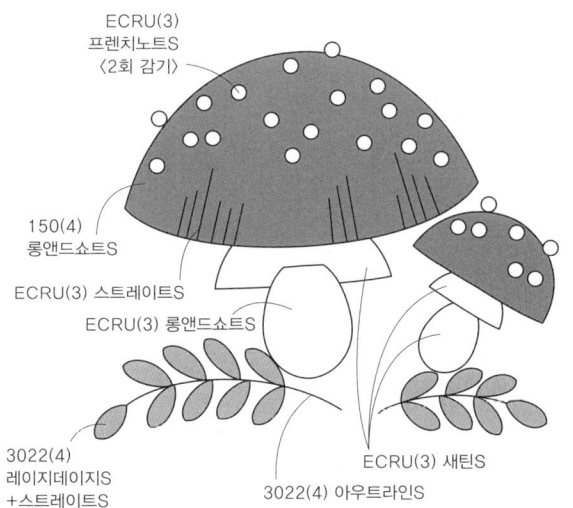

No 234 >>p.66

● DMC 25번사 / 지정한 부분 외에는 2가닥

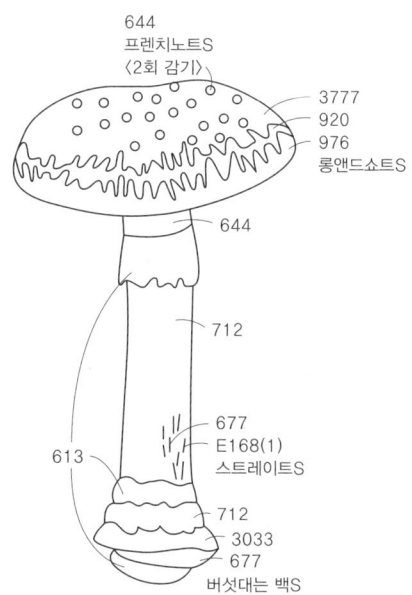

No 235 >>p.66
- DMC 25번사 / 전부 3가닥, 지정한 부분 외에는 새틴S

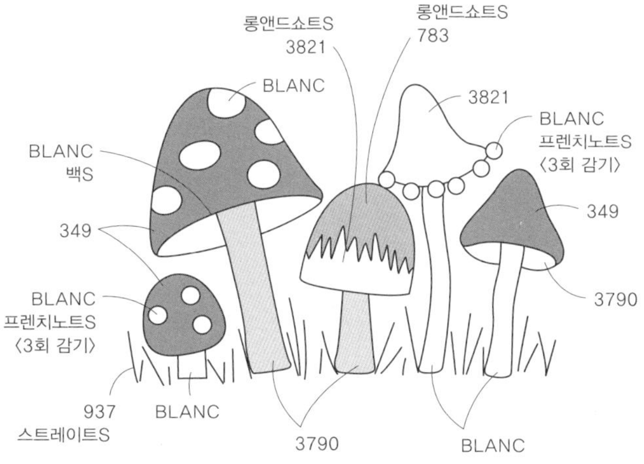

No 237 >>p.67
- 올림푸스 25번사 / 전부 3가닥 새틴S

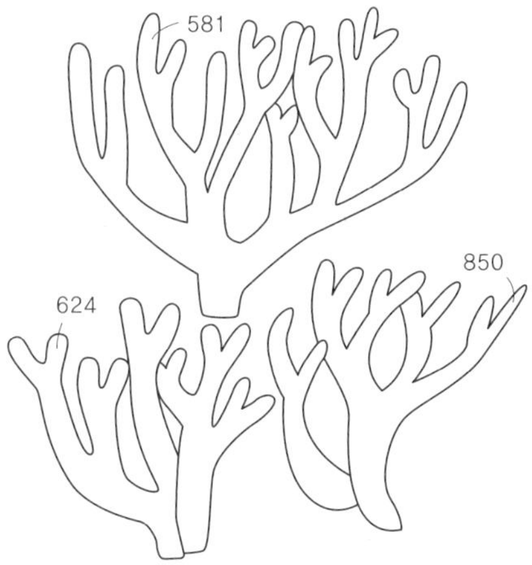

No 236 >>p.67
- DMC 25번사 / 지정한 부분 외에는 2가닥, 새틴S

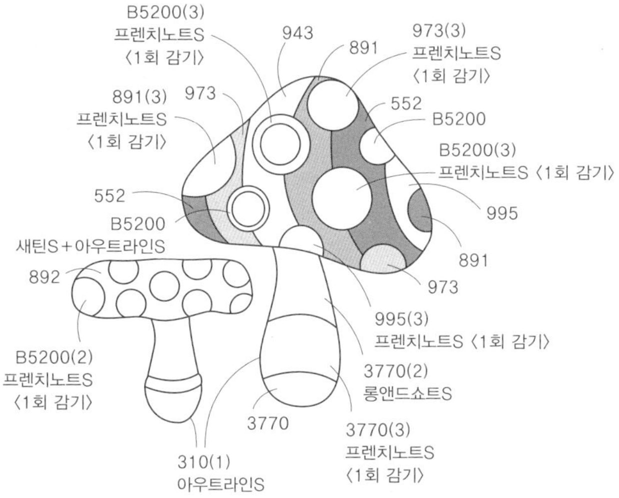

No 239 >>p.67
- DMC 태피스트리 울 / 전부 2가닥

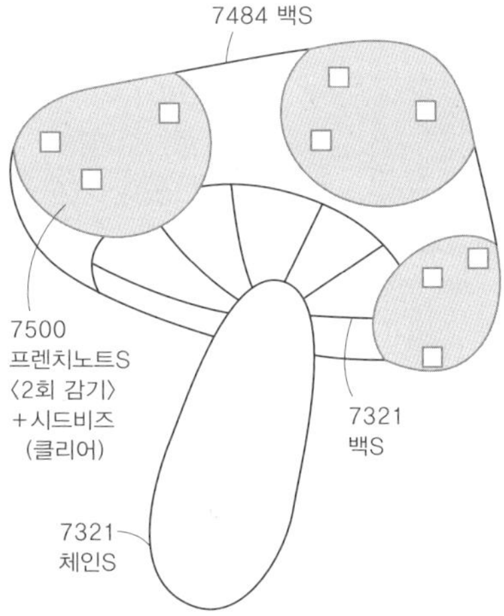

No 238 >>p.67
- DMC 25번사 / 전부 2가닥

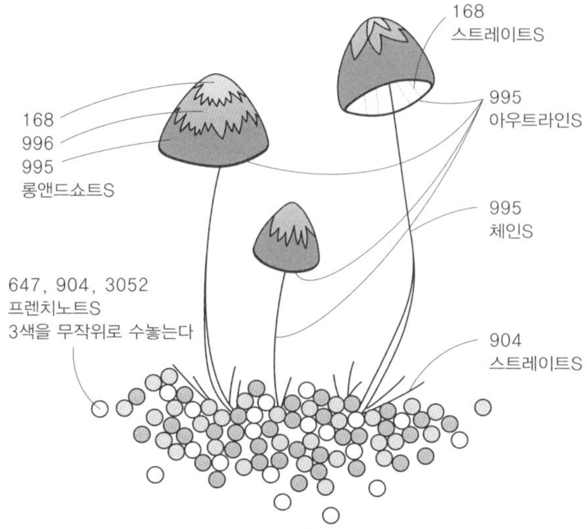

No 240 >>p.68
- Sunny Thread

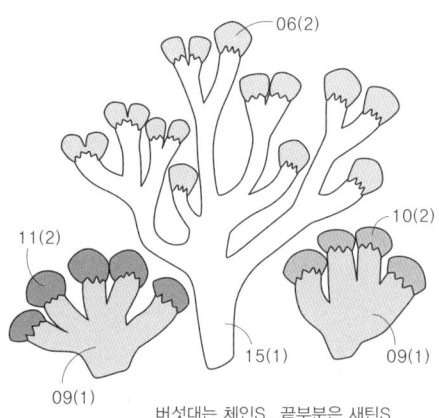

버섯대는 체인S, 끝부분은 새틴S

No 241 >>p.68
- DMC 25번사 / 지정한 부분 외에는 2가닥

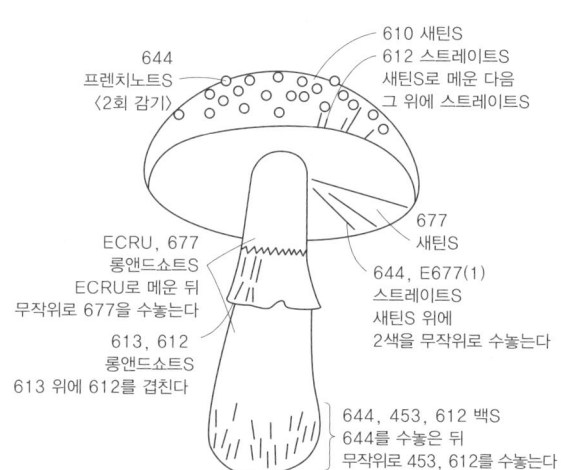

No 242 >>p.68
- COSMO 25번사

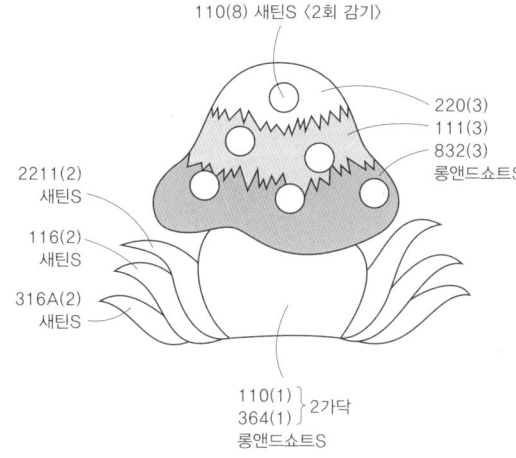

No 243 >>p.68
- 지정한 부분 외에는 DMC 25번사 / 전부 2가닥

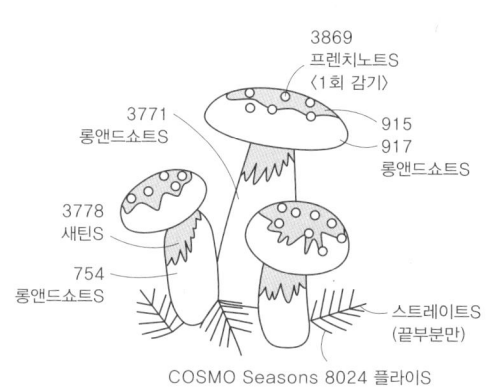

No 244 >>p.68
- COSMO 25번사 / 지정한 부분 외에는 2가닥 롱앤드쇼트S

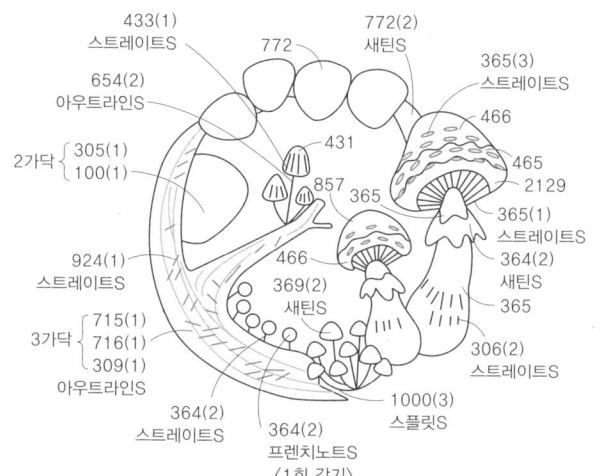

No 245 >>p.68

● DMC 25번사 / 지정한 부분 외에는 아우트라인S

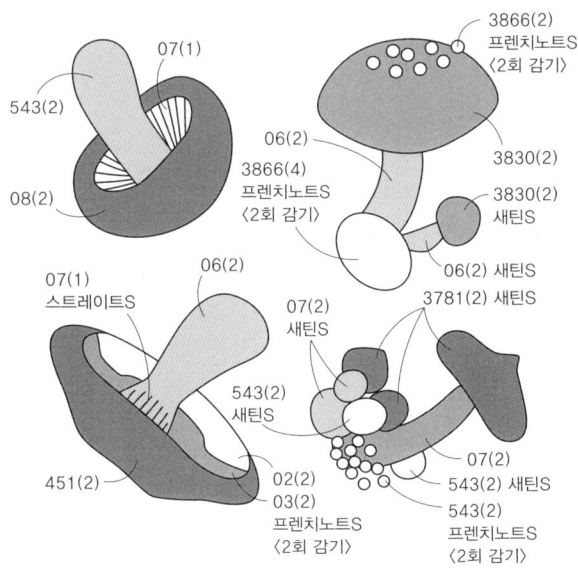

No 246 >>p.70

● DMC 25번사 / 전부 1가닥

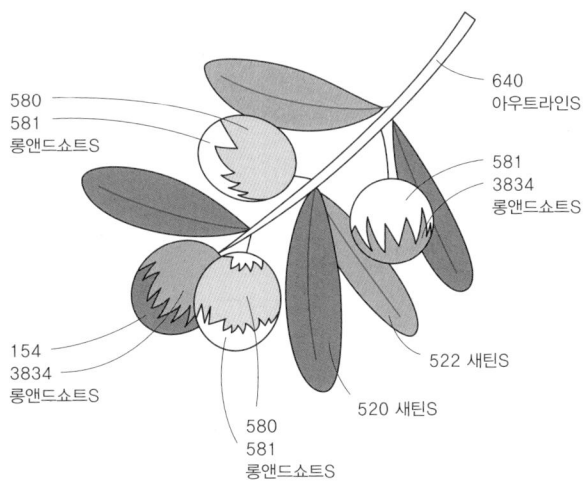

No 248 >>p.70

● 올림푸스 25번사 / 전부 2가닥 새틴S

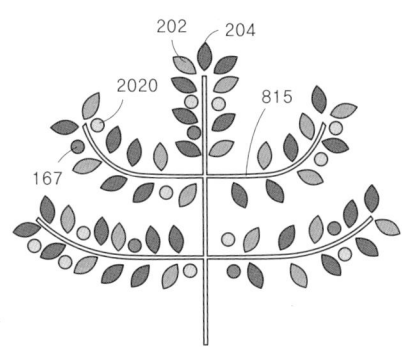

No 247 >>p.70

● DMC 25번사

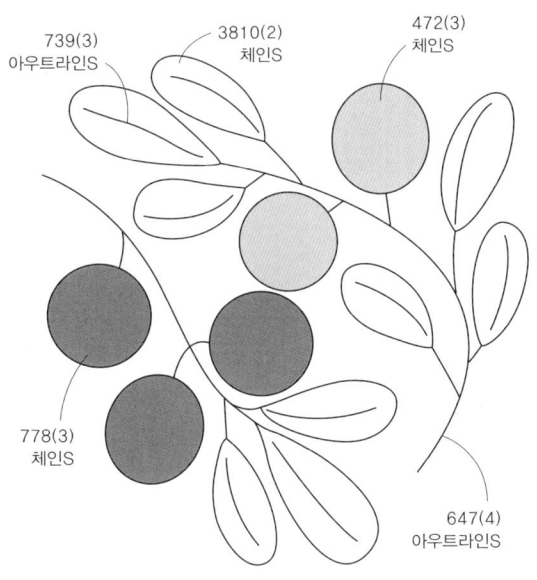

No 249 >>p.70

● DMC 25번사 / 지정한 부분 외에는 2가닥 새틴S

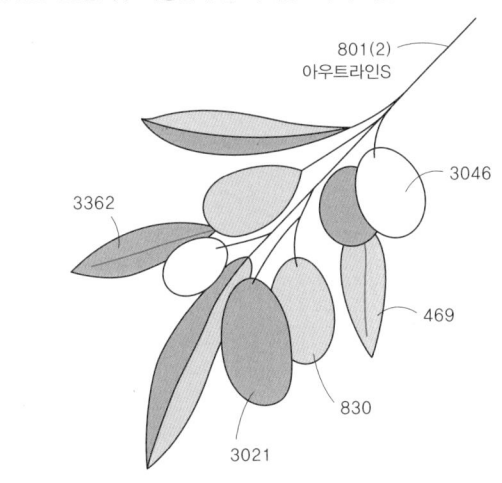

No 252 >>p.71

● DMC 25번사 / 전부 2가닥

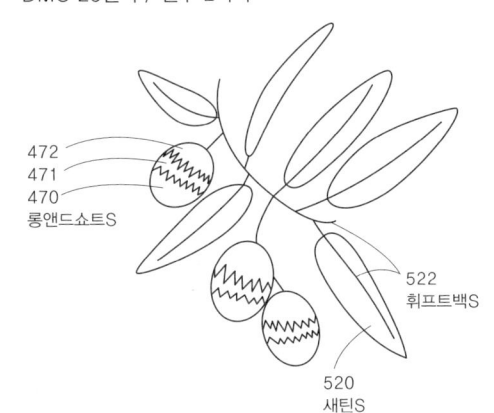

No 250 >>p.71

- DMC 25번사 / 전부 2가닥

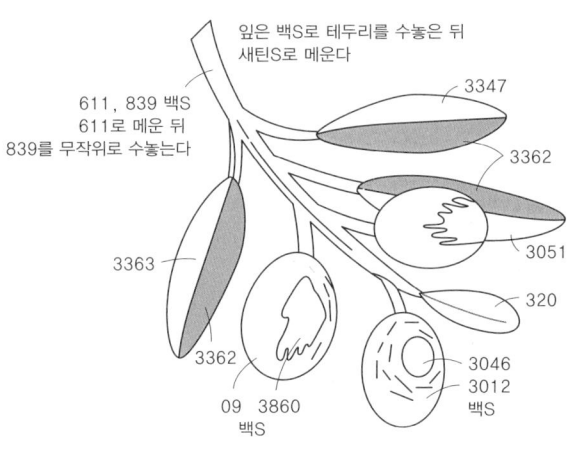

No 251 >>p.71

- DMC 25번사 / 전부 3799

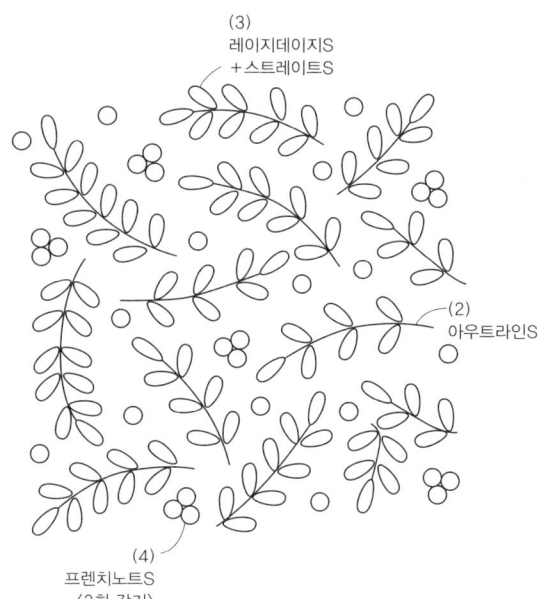

No 253 >>p.71

- DMC 태피스트리 울 / 전부 2가닥

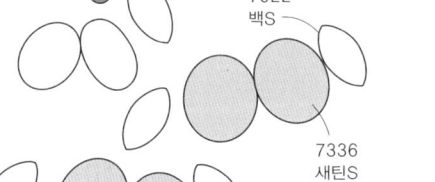

No 254 >>p.71

- DMC 25번사

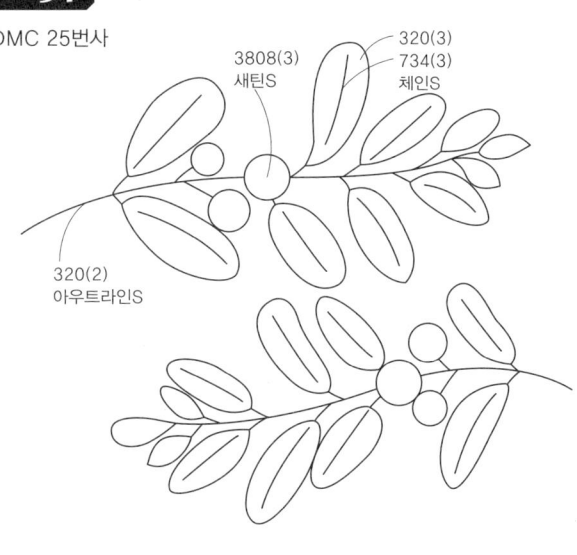

No 255 >>p.72

- DMC 25번사

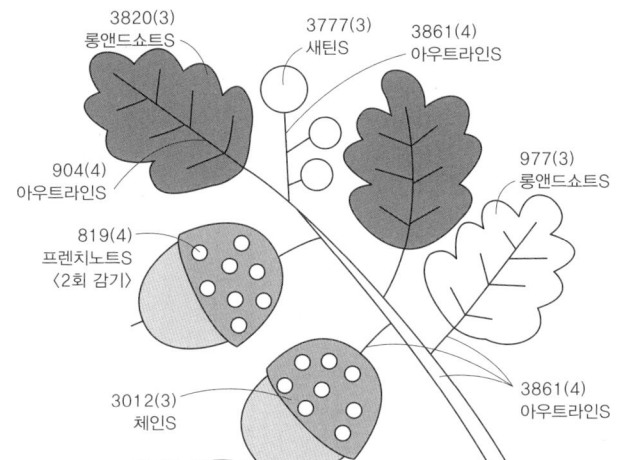

No 257 >>p.72
- 올림푸스 25번사 / 전부 3가닥

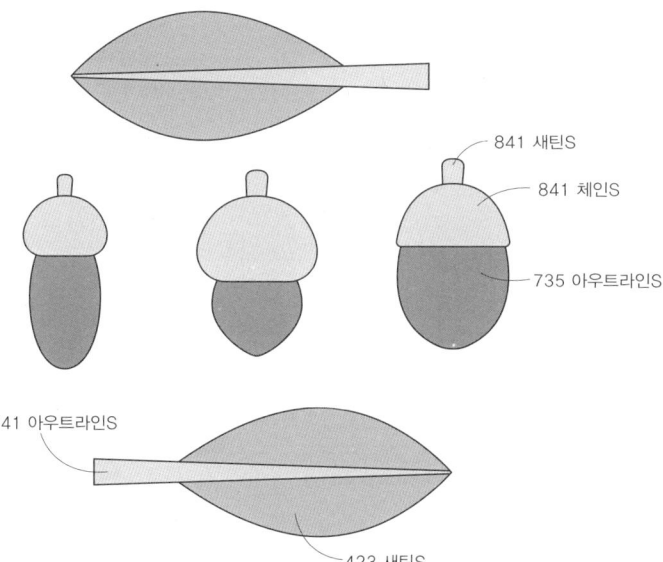

No 258 >>p.72
- COSMO 25번사 / 지정한 부분 외에는 3가닥 새틴S

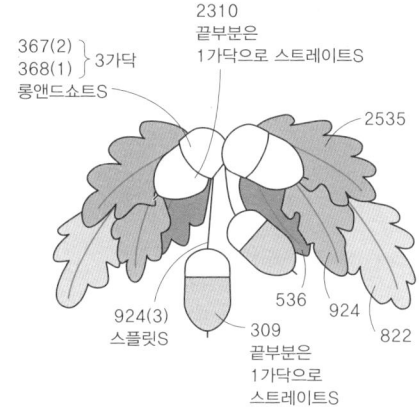

No 259 >>p.72
- DMC 25번사 / 전부 2가닥

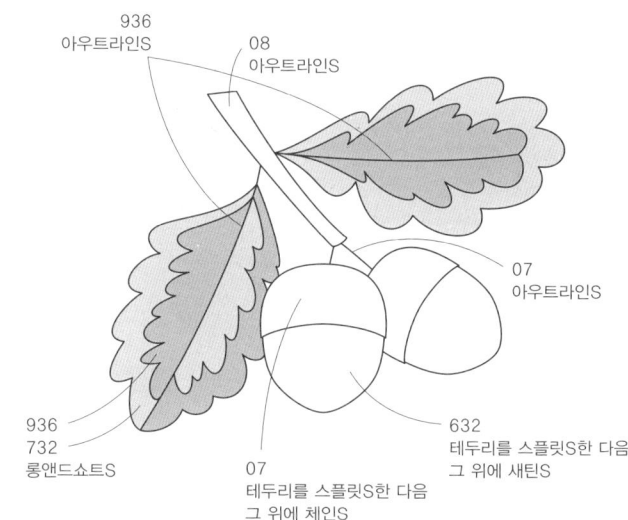

No 256 >>p.72
- DMC 25번사 / 지정한 부분 외에는 2가닥

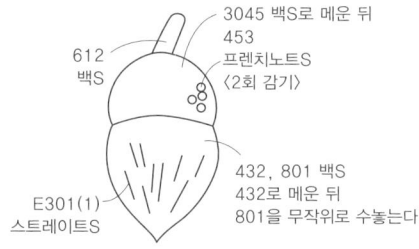

No 260 >>p.73
- COSMO 25번사

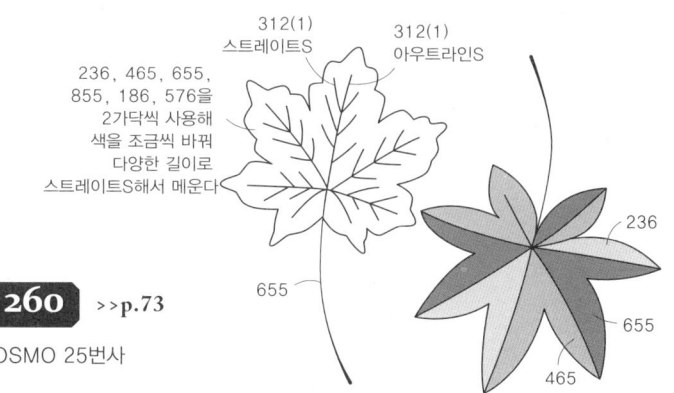

잎은 2가닥으로 새틴S
줄기는 2가닥으로 아우트라인S
(가장자리는 2줄 정도 겹쳐서
굵기를 표현한다)

No 261 >>p.73

- COSMO 25번사

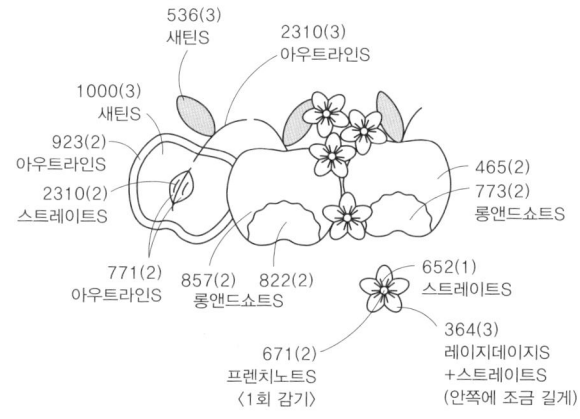

No 263 >>p.74

- COSMO 25번사 / 전부 2가닥

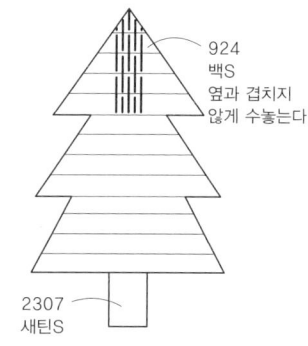

No 262 >>p.73

- DMC 25번사 / 전부 2가닥

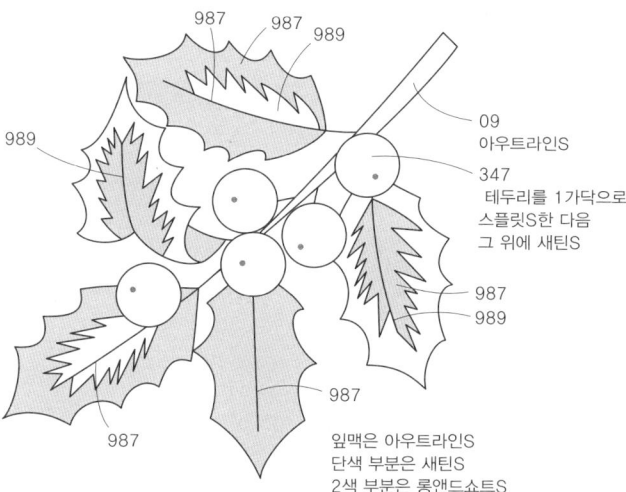

No 264 >>p.74

- DMC 25번사

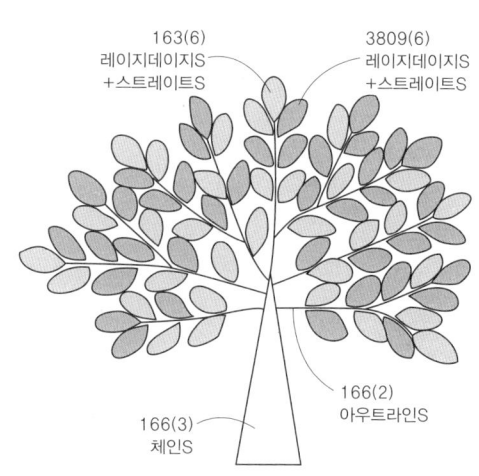

No 265 >>p.74

- 올림푸스 25번사 / 전부 3가닥

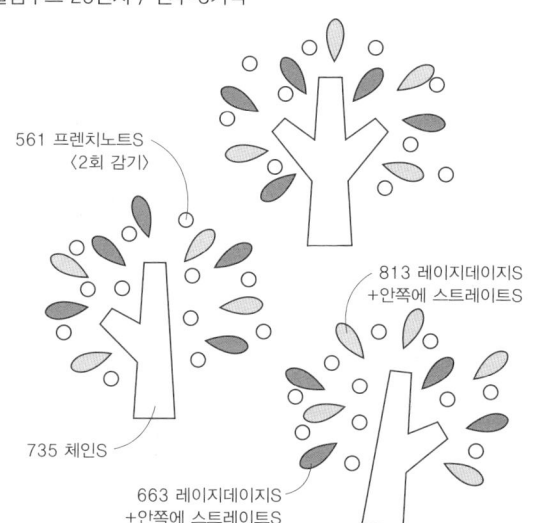

No 267 >>p.74

- DMC 25번사 / 전부 ECRU

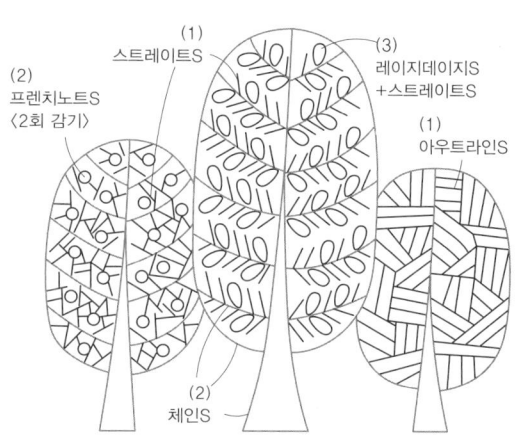

Acorn [도토리] Maple [단풍잎] Apple [사과] Holly [호랑가시나무] Tree [나무]

No 266 >>p.74

- DMC 25번사

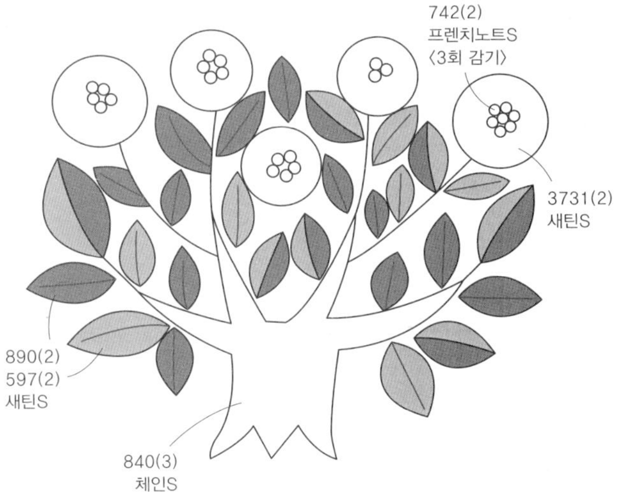

742(2)
프렌치노트S
〈3회 감기〉

3731(2)
새틴S

890(2)
597(2)
새틴S

840(3)
체인S

No 268 >>p.75

- DMC 25번사 / 지정한 부분 외에는 새틴S

3345(1)
469(2)
727(1)
972(1)
프렌치노트S
〈3회 감기〉

732(2)

469(1)

433(2)
체인S

BLANC(1)
스트레이트S

469(1)
백S

3345(1)
백S

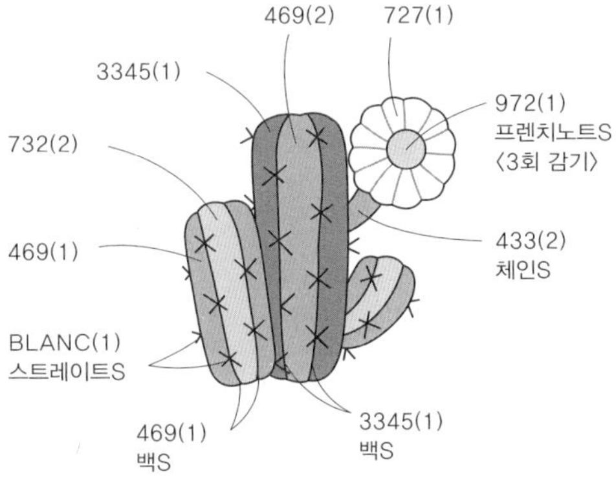

No 270 >>p.75

- DMC 25번사 / 지정한 부분 외에는 2가닥

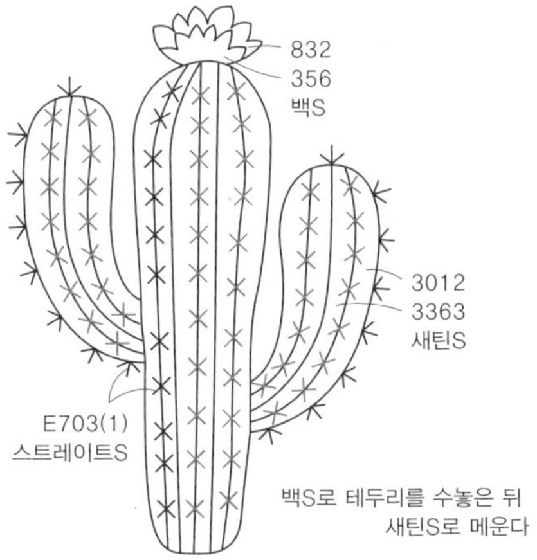

832
356
백S

3012
3363
새틴S

E703(1)
스트레이트S

백S로 테두리를 수놓은 뒤
새틴S로 메운다

No 269 >>p.75

- COSMO 25번사 / 지정한 부분 외에는 새틴S

480A(2)

102(2)

141(3)
펀S

323(3)

315A(3)

110(3) 백S

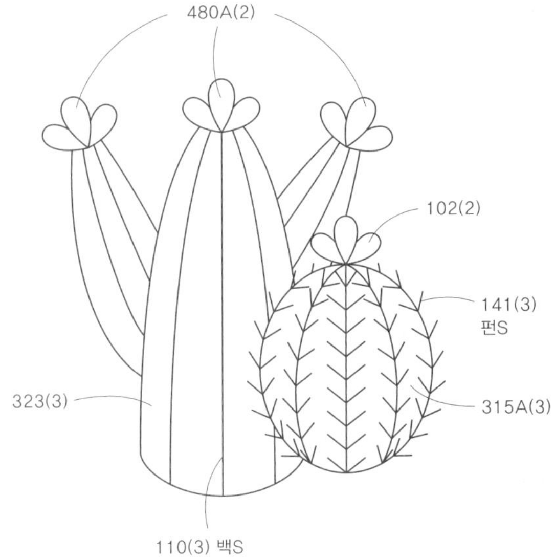

No 271 >>p.76

- DMC 25번사

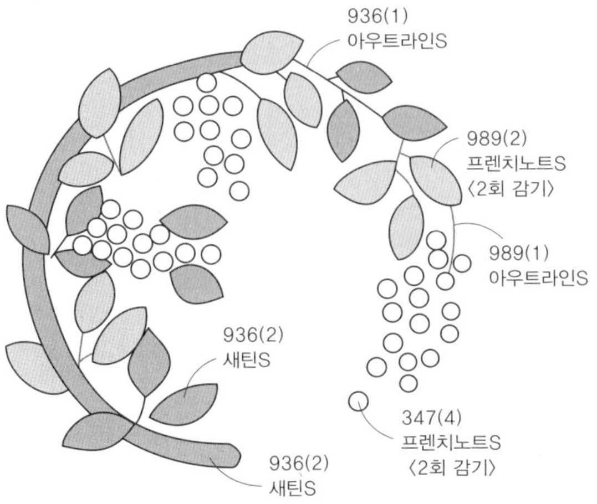

936(1)
아우트라인S

989(2)
프렌치노트S
〈2회 감기〉

989(1)
아우트라인S

936(2)
새틴S

347(4)
프렌치노트S
〈2회 감기〉

936(2)
새틴S

No 272 >>p.76

- DMC 25번사

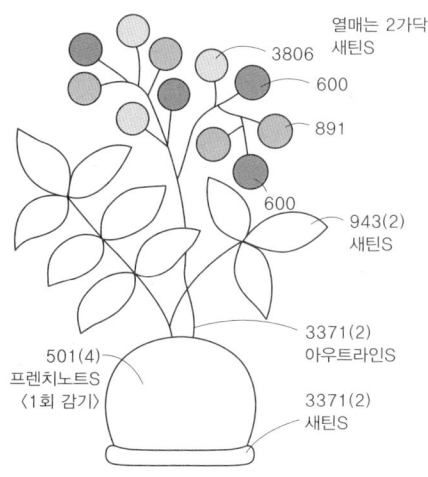

No 273 >>p.76

- COSMO 25번사 / 전부 2가닥

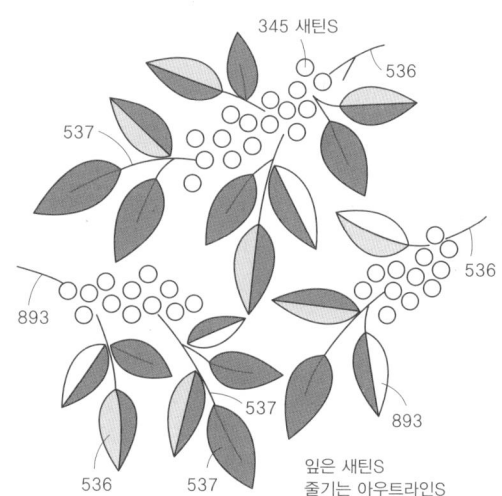

No 274 >>p.77

- DMC 25번사 / 지정한 부분 외에는 2가닥

No 275 >>p.77

- COSMO 25번사

No 276 >>p.77

- DMC 25번사

No 277 >>p.78

● DMC 25번사

- 890(2) 새틴S
- E3821(2) 프렌치노트S 〈3회 감기〉
- E3821(2) 스트레이트S
- 304(3) 3685(3) 체인S

No 278 >>p.78

● DMC 25번사

- 3721(3) 체인S
- 676(6) 프렌치노트S 〈2회 감기〉
- ECRU(6) 새틴S
- 3721(4) 새틴S
- 3721(3) 새틴S
- 935(3) 새틴S
- 935(3) 새틴S
- 3363(3) 새틴S

No 279 >>p.78

● COSMO 25번사

꽃잎은 2가닥을 사용해서 중심 쪽으로 새틴S

- 106
- 236
- 467
- 106
- 236
- 2535
- 715
- 576(4) 프렌치노트S 〈1회 감기〉

잎은 2가닥으로 새틴S

No 280 >>p.78

● DMC 25번사

- 726(4) 프렌치노트S 〈1회 감기〉
- 699(3) 롱앤드쇼트S
- 3823(4) 스트레이트S
- 666(6), B5200(4) 휘프트백S

No 282 >>p.79

● 올림푸스 25번사 / 전부 3가닥

- 841 새틴S
- 791 체인S
- 841 프렌치노트S 〈2회 감기〉
- 1705 체인S
- 423 새틴S
- 841 새틴S
- 423 프렌치노트S 〈2회 감기〉
- 423 피시본S

No 281 >>p.79

- DMC 25번사

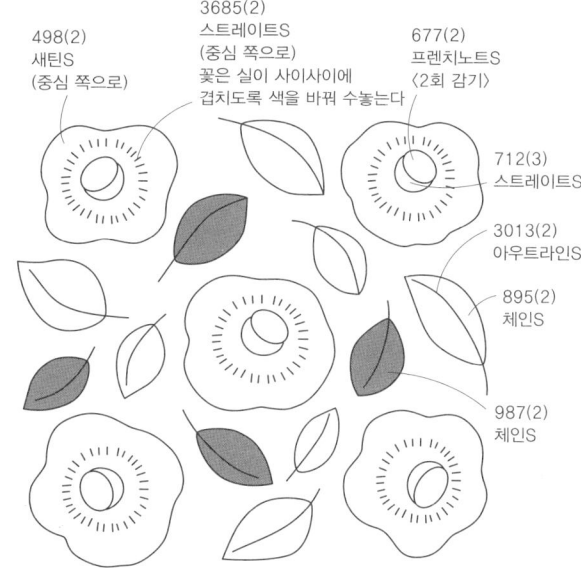

498(2) 새틴S (중심 쪽으로)
3685(2) 스트레이트S (중심 쪽으로) 꽂은 실이 사이사이에 겹치도록 색을 바꿔 수놓는다
677(2) 프렌치노트S 〈2회 감기〉
712(3) 스트레이트S
3013(2) 아우트라인S
895(2) 체인S
987(2) 체인S

No 283 >>p.79

- DMC 25번사 / 전부 1가닥

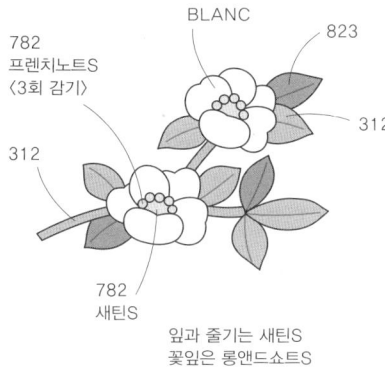

782 프렌치노트S 〈3회 감기〉
BLANC
823
312
312
782 새틴S
잎과 줄기는 새틴S
꽃잎은 롱앤드쇼트S

No 284 >>p.79

- 전부 25번사 / 지정한 부분 외에는 2가닥 새틴S
C=COSMO, O=올림푸스, D=DMC

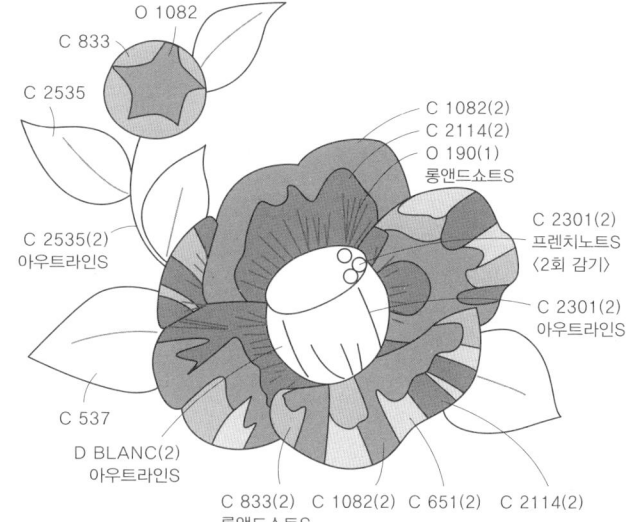

O 1082
C 833
C 2535
C 2535(2) 아우트라인S
C 1082(2)
C 2114(2)
O 190(1) 롱앤드쇼트S
C 2301(2) 프렌치노트S 〈2회 감기〉
C 2301(2) 아우트라인S
C 537
D BLANC(2) 아우트라인S
C 833(2) C 1082(2) C 651(2) C 2114(2)
롱앤드쇼트S

No 285 >>p.79

- DMC 25번사

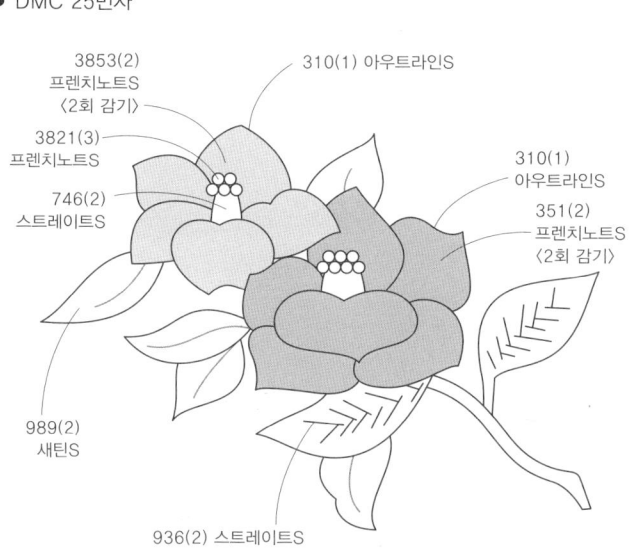

3853(2) 프렌치노트S 〈2회 감기〉
310(1) 아우트라인S
3821(3) 프렌치노트S
746(2) 스트레이트S
310(1) 아우트라인S
351(2) 프렌치노트S 〈2회 감기〉
989(2) 새틴S
936(2) 스트레이트S

Camellia [동백꽃]

141

작가 프로필

◆ R4
2014년 작가 활동을 시작했으며 2016년부터 자수를 도입한 작품을 제작하고 있다. 할머니와 어머니의 영향으로 어릴 때부터 자수나 레이스 뜨개질을 좋아했다.
https://www.instagram.com/r04r04/

◆ aya
ESMOD JAPON 도쿄 캠퍼스 졸업. 의류 디자이너 활동을 거쳐 프랑스 파리에서 오트쿠튀르 자수의 기초를 배웠다. 2009년부터 '일상의 장식에 곁들이는 작은 수공예'를 콘셉트로 삼아 손자수 액세서리와 가방 등을 제작하고 있다. 2016년부터 유기농 순면과 식물 염료로 오리지널 자수실을 제작하는 Sunny Thread Project를 진행하고 있다.
https://www.chez-aya.com/
https://www.instagram.com/chez_aya/

◆ un peu
'일상의 멋에 자수 꽃을 더하자'를 콘셉트로, 꽃 모티브를 중심으로 평소에 쉽게 사용할 수 있는 손자수 액세서리를 제작하고 있다.
https://www.instagram.com/unpeu_c

◆ 이와타 유미코 岩田由美子
2004년 영국 왕립자수학교 인정 코스 수료. 아틀리에 겸 자수교실 '하나오토샤 花音舎'를 열어 활동을 시작했다. 수예잡지 등에 작품을 제공하며 출장 교실, 강좌 등 여러 분야에서 활약 중이다. 저서로 《트란실바니아의 사랑스러운 자수 トランシルヴァニアの可愛い刺繡》가 있다.
http://hanaotosya.com/

◆ OKEIKO
'색놀이'를 중요하게 생각해 실과 색의 조합을 즐기며 제작 활동을 하고 있다.
https://www.instagram.com/okeiko_92/

◆ 가코 마스미 かこますみ
petit panier라는 닉네임으로 활동하며 풀꽃이나 자연 모티브를 중심으로 자수 및 뜨개를 도입한 소재의 따뜻한 느낌을 전하는 작품을 제작하고 있다.
https://www.petitpani.exblog.jp/
https://www.instagram.com/pupurem/

◆ 가시모토 마유 柏本麻由
남아프리카에서 손자수를 배웠다. 일본에 돌아온 후 손자수와 천연석 액세서리 교실 'atelier Ao'를 열었다. 손자수에 천연석과 진주의 광채를 더한 독창적인 디자인이 특징이다.
https://ameblo.jp/mayu303/
https://www.instagram.com/atelier.ao/

◆ 긴세이 소나타 金星ソナタ
독학으로 손자수를 시작했으며 2017년부터 작가로 활동하고 있다. 주로 풀이나 나무, 꽃을 모티브로 한 작품을 제작한다.
https://www.instagram.com/attlium39/

◆ itonomori
'소중한 일상에 작은 행복을'을 콘셉트로 해서 스토리를 느낄 수 있는 다정하고 따뜻한 색을 조합한 작품을 제작하고 있다.
https://ameblo.jp/kohana-made/
https://www.instagram.com/itonoori_/

◆ 곤도 미카코 近藤実可子
실 한 가닥을 이용한 섬세한 표현이 특기이며 자수로 추상적인 예술작품과 그림을 제작하고 있다.
https://mikakokondo.tumblr.com/
https://www.instagram.com/mikako_kondo/

◆ 사사키 미에코 ささきみえこ
자수 작품을 제작하는 한편 문화센터 및 워크숍 등에서 강의하고 있으며 일러스트레이터로도 활동 중이다. 자수에 대한 주요 저서로 《작고 귀여운 원포인트 동물자수 400》《자수로 만드는 귀여운 소품》이 국내에 번역 소개되었고 《풀의 사전 草の辞典》에 삽화를 그리기도 했다.
http://sasakimieko.c.ooco.jp/
https://www.instagram.com/hanahakka_miekosasaki/

◆ Sachie
디자인학교를 졸업한 후 의류업계에서 활동을 거쳐 자수 작품을 제작하기 시작했다. '사용하는 사람의 생활에 잘 어우러지는 작품'을 콘셉트로 삼아 리넨이나 순면 등의 천연소재를 활용한 소품 및 액세서리 작품을 제작하고 있다.
https://www.instagram.com/sachie201407/

◆ jun
액세서리 제작에 뛰어나 제작한 작품들이 의류 브랜드 marbleSUD에서 판매되기도 했다. 문화센터나 워크숍 등에서 강사로 활동하고 있다.
https://juntikutiku.tumblr.com/
https://www.instagram.com/juntikutiku/

◆ 시라이 가즈미 シライカズミ
일본수예보급협회 자수강사과를 졸업했다. 삼베, 꽃실(수술대)을 사용한 작품을 제작하고 있다. ironna happa라는 작가명으로 책이나 잡지에 작품을 제공하며 워크숍을 개최하는 등 다방면에서 활약하고 있다. 주요 저서로는 《1도안 1스티치로 할 수 있다! 스티치 한 가지로 즐거운 자수 1図案1ステッチでできる！１つのステッチでたのしい刺しゅう》와 한국어로도 번역된 《자수로 그리는 작은 모티브》 등이 있다.
https://www.ironnahappa.com/
https://www.instagram.com/idonnahappa/

◆ Tender * Rainbow
옅은 색, 밝은 회색을 중심으로 성인이 즐길 수 있는 작품을 선보이며 아이에 대한 부모의 마음을 표현하는 '천사의 이름표'를 제작하고 있다.
https://www.instagram.com/tender_rainbow/

◆ chicchai_chicchai
다채롭고 향수를 불러일으키는 분위기를 띤 입체감 있는 자수 작품을 제작하고 있다.
https://www.instagram.com/chicchai_chicchai

◆ Nunomushi
식물이나 동물을 모티브로 한 '생물 자수'로 손자수 작품을 제작하고 있다.
https://www.instagram.com/nunomushi/

◆ Piikan
음식이나 일상의 자연스러운 풍경 등을 모티브로 해서 자수실과 비즈를 조합한 작품을 제작하고 있다.
https://www.piikan.com/
https://www.instagram.com/piikan4/

◆ PieniSieni
일본 펠타트협회 대표이사. 자수틀을 쓰지 않는 오프후프 기법을 이용한 입체 자수를 고안했다. 펠트지에 비즈나 자수를 더해 화려한 꽃과 곤충을 제작하는 것이 특기다. 강사로 활동하며 SUNFELT SHOP에서 후진 강사 육성에 힘쓰고 있다. 일본 문부과학대신상 외 다양한 상을 수상했다. 저서로 《가장 작은 펠트 꽃 액세서리いちばんちいさなフェルトの花アクセサリー》 등이 있다.
https://pienisieni.exblog.jp/
https://www.instagram.com/pienikorvasieni/

◆ FABBRICA
일본 문화복장학원을 졸업했으며 복식 디자이너로 활동한 후 자수 작품을 제작하기 시작했다. NHK 〈멋지게 핸드메이드 すてきにハンドメイド〉 출연, 일본 보그사 통신강좌 감수, 워크숍 개최 등 여러 방면에서 활약하고 있다. 'minne 핸드메이드 대상 2017'에서 게스트 심사위원상을 수상했다. 공저로 《아이 옷의 원포인트 자수子供服のワンポイント刺繡》가 있다.
https://r.goope.jp/fabbrica/
https://www.instagram.com/fabbrica_yaji47/

◆ 호리우치 유키堀内友紀
독학으로 자수를 시작해 광고와 서적, 기업 상품 등에 여러 작품을 제공했다. 작품전에 자수 그림 1점과 자수 잡화를 출전하기도 했다. 꽃이나 초록과 함께 살아가는 동물들의 모습을 스토리가 있는 세계관으로 생생하게 표현한다. 자수 일러스트레이터로도 활약하고 있다. 저서로는 《호리우치 유키의 동물 자수 그림堀内友紀の動物たちの刺繡絵》이 있다.
https://www.yuki-horiuchi.com/

◆ 마르티나 차코マルチナチャッコ
독학으로 자수를 시작했으며 특기인 일러스트를 활용해 유머러스한 동물과 식물 등을 표현한 작품을 제작하고 있다. 수예 잡지에 작품을 제공하는 등 여러 방면에서 활약 중이다.
https://chakko.exblog.jp/
https://www.instagram.com/roiroichakko/

◆ MIKI
무지 천을 독창적인 디자인 천으로 변신시킬 수 있는 수예의 매력에 빠져서 '존재감이 느껴지는 자수'를 콘셉트로 입체감 있는 자수 작품을 제작하고 있다.
https://www.instagram.com/pui_kou_pui/

◆ 모리모토 마유카森本繭香
일본 홋카이도문화복장전문학교를 졸업했다. 패브릭 소품을 제작하는 한편으로 자수를 시작해 일본 및 해외 서적에 작품과 도안을 제공하는 등 여러 방면에서 활약하고 있다. 저서 《나의 아름다운 뒤뜰을 수놓다》가 국내에 번역 소개되었다.
http://kumabo.chelin-chelin.shop-pro.jp/

◆ yanase rei
세츠 모드 세미나를 졸업했다. 액세서리를 제작하며 독학으로 자수 창작 활동을 하고 있다. 저서로 《자수의 정원—자수 천처럼 수놓는 꽃들刺繡の庭 刺繡布のように刺す花々》이 있다.
https://reiacce.tumblr.com/
https://www.instagram.com/reiyanase/

◆ 야마가미 아이코山神亜衣子
일본 무사시노미술대학교 졸업 후 2009년부터 toccotocco라는 닉네임으로 활동하고 있다. 스티치나 색의 조합으로 무한한 가능성이 탄생하는 자수에 매료되어 여유로운 느낌과 재치를 더한 모티브를 자수로 표현한다. 몸에 착용하는 예술로서 작품을 만들고 있다. 저서로 《작은 자수 액세서리ちいさな刺繡アクセサリー》가 있다.
https://toccotocco.info/

◆ yula
'I like embroidery'를 콘셉트로 삼아 자수 작품을 제작하고 있다.
https://www.instagram.com/yula_handmade_2008/

◆ 와타베 도모코渡部友子
영국의 앤티크 크레이지 퀼트에 더한 아름다운 자수에 매료되어 자수를 공부했다. 꽃이나 작은 새, 동물을 모티브로 자연의 아름다움과 사랑스러움을 표현하고 있다. 서적이나 잡지에 작품을 제공하는 등 여러 방면에서 활약 중이다.
http://www.asahi-net.or.jp/~ui5h-wtb/
https://www.instagram.com/a_little_bird_embroidery/

Staff

디자인	다카하시 주리, 스가야 마리코(마루산카쿠)
촬영	와다리카(mobiile,inc.)
스타일링	다카하시 유카리
도안	웨이드WADE 수예제작부
스티치 일러스트	와타나베 리리카(Pear Fields)
교정	시신샤西進社
편집협력	쓰루도메 마사요
제작협력	야마모토 지가코

SHOKUBUTSU SHISHU ZUKAN
Edited by KAWADE SHOBO SHINSHA Ltd. Publishers
Copyright © KAWADE SHOBO SHINSHA Ltd. Publishers, 2020
All rights reserved.
Original Japanese edition published by KAWADE SHOBO SHINSHA Ltd. Publishers
Korean translation copyright © 2021 by JIGEUMICHAEK
This Korean edition published by arrangement with KAWADE SHOBO SHINSHA Ltd.
Publishers, Tokyo, through HonnoKizuna, Inc., Tokyo, and BC Agency

이 책의 한국어판 저작권은 BC에이전시를 통해 저작권자와 독점계약을 맺은 지금이책에 있습니다.
저작권법에 의해 한국 내에서 보호를 받는 저작물이므로 무단전재와 복제를 금합니다.

자수로 표현하는 꽃과 나무, 열매 285
식물 자수 도감

초판 1쇄 발행	2021 년 5 월 30 일
초판 2쇄 발행	2024 년 1 월 10 일
엮은이	가와데쇼보신샤 편집부
옮긴이	김한나
펴낸이	최정이
펴낸곳	지금이책
주소	경기도 고양시 일산서구 킨텍스로 410
전화	070-8229-3755
팩스	0303-3130-3753
이메일	now_book@naver.com
블로그	blog.naver.com/now_book
등록	제 2015-000174 호
ISBN	979-11-88554-48-5 (13630)

* 이 책의 내용을 무단복제하는 것은 저작권법에 의해 금지되어 있습니다.
* 잘못되거나 파손된 책은 구입하신 서점에서 교환해드립니다.
* 책값은 뒤표지에 있습니다.

스파이더웹로즈 S

 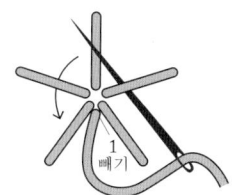 

터키노트 S

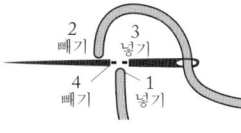 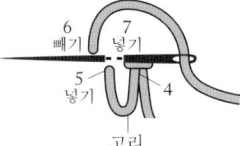 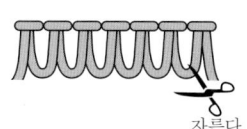

체커드체인 S

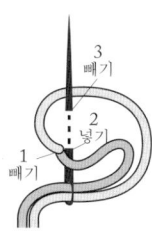 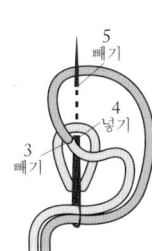 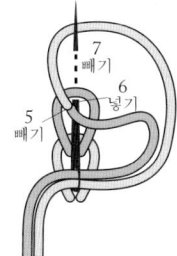 

휘프트백 S

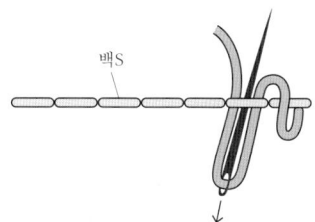 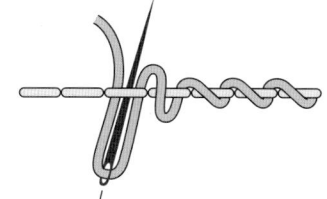 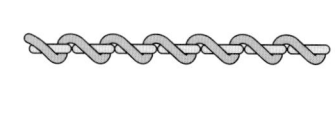

홀바인 S

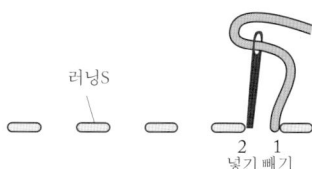 

스플릿 S

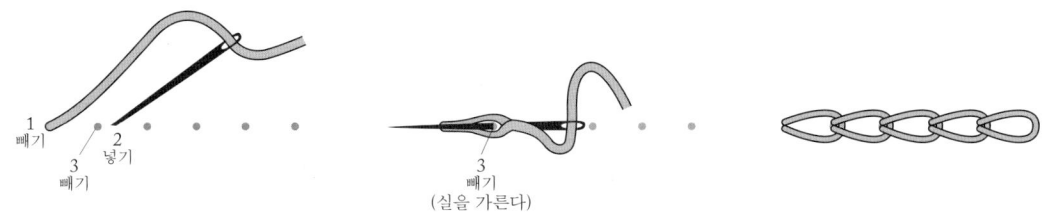

저먼노트 S

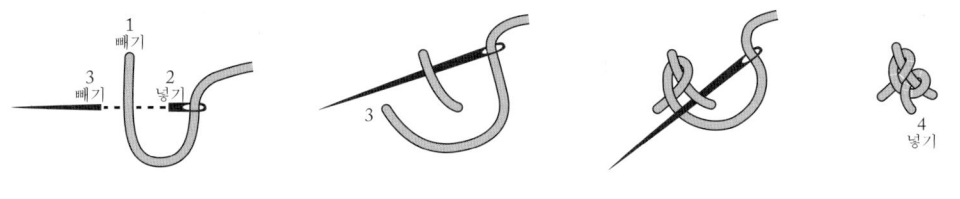

카우칭 S

위빙스티치

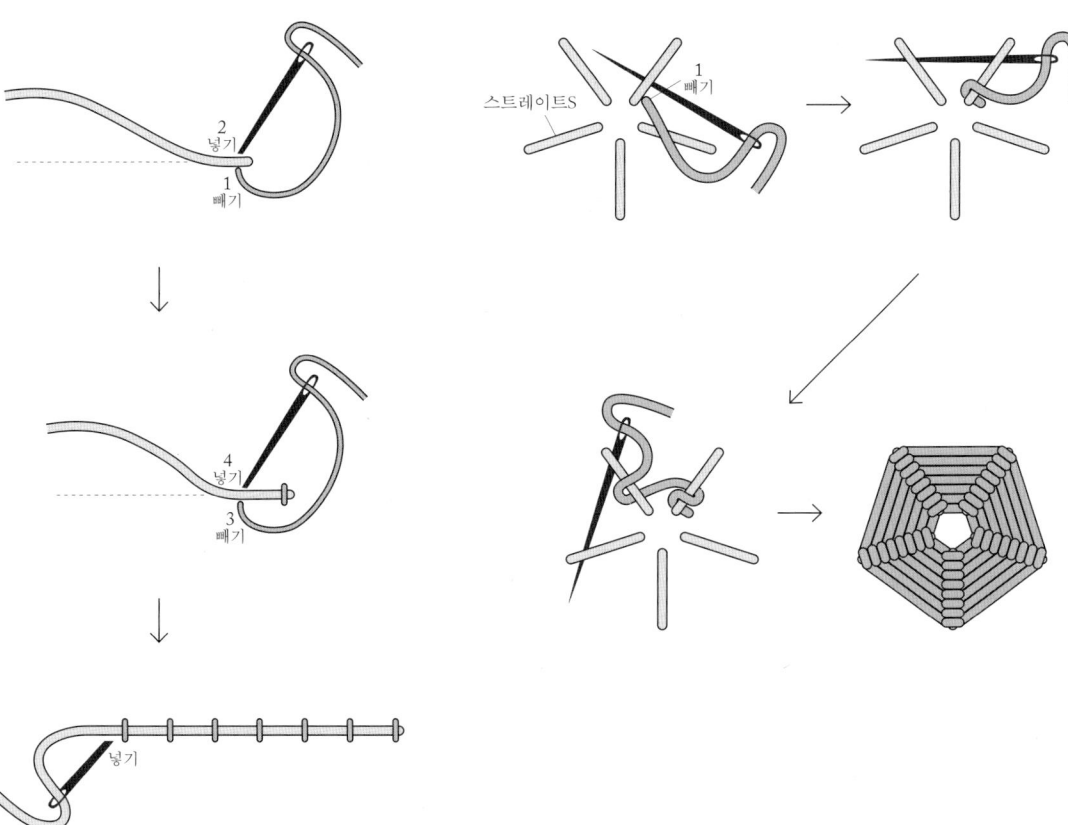